LES SURNOMS LES PLUS CÉLÈBRES DE L'HISTOIRE

Du même auteur

(Sélection)

Les tribuns célèbres de l'histoire, Albin Michel, 2010.
Le chat et ses mystères, Albin Michel, 2009.
Les pingouins ne sont pas manchots, Hachette Littératures, 2009.
Les petites histoires de la grande histoire, Albin Michel, 2009.
Le pourquoi du comment, tome 3, Albin Michel, 2008.
Petite anthologie des mots rares et charmants, Albin Michel, 2007.
Le pourquoi du comment, tome 2, Albin Michel, 2006.
Les mots canailles, Albin Michel, 2005.
Le pourquoi du comment, tome 1, Albin Michel, 2004.
Les mots célèbres de l'histoire, Albin Michel, 2003.
Danse avec le diable, Hachette Littératures, 2002.
Erik le Viking, Belfond, 1992.
Milord l'Arsouille, Albin Michel, 1989.
Raimu. Ramsay, 1988.
Danton, le Tribun de la Révolution, Favre (Lausanne), 1987.
Les Conquérants de la Terre Verte, Hermé, 1985.

Nombreux textes publiés dans *L'humour des poètes* (1981), *Les plus beaux poèmes pour les enfants* (1982), *Les poètes et le rire* (1998), *La poésie française contemporaine* (2004). Ouvrages parus chez Le Cherche-Midi Éditeur. Et dans *Le Français en 6*[e], collection à suivre, Belin, 2005.

DANIEL LACOTTE

LES SURNOMS LES PLUS CÉLÈBRES DE L'HISTOIRE

Pygmalion

Sur simple demande adressée à
Pygmalion, 87 quai Panhard et Levassor, 75647 Paris Cedex 13,
vous recevrez gratuitement notre catalogue
qui vous tiendra au courant de nos dernières publications.

ISBN 978-2-7564-0412-7

Pour Dominique,
Guillaume et Mathilde

C'est un ami dont je ne sais pas le nom,
et je le connais depuis trop longtemps
pour le lui demander.

Georges Feydeau
(1862-1921)

PRÉFACE

La naissance des noms de famille, tels que nous les connaissons aujourd'hui, résulte d'un étrange processus qui parvient à se stabiliser grâce à l'ordonnance de Villers-Cotterêts (1539). Promulguée par François Ier, celle-ci rend en effet obligatoire la tenue des registres d'état civil. Une tâche tout d'abord confiée aux paroisses et aux curés dans la mesure où l'Église catholique reste la seule « administration » qui occupe à l'époque les moindres recoins du royaume. Puis, après la Révolution (1794), l'État prendra logiquement sous sa responsabilité la tenue de l'état civil dans les mairies de chaque commune. Mais arrêtons-nous un instant sur le curieux cheminement qui a finalement engendré notre système patronymique.

Dans la plupart des civilisations de l'Antiquité, chaque individu ne porte qu'un seul nom qu'il ne transmet pas à ses enfants. Cependant, les Romains vont innover. Ils attribuent trois « noms » pour distinguer chaque individu qui va donc porter : un prénom, un nom et un surnom. À l'évidence, un tel système patronymique influencera de nombreux pays. En effet, vers 220, la toute-puissance militaire et culturelle de l'Empire romain s'impose à l'essentiel de l'Europe, mais aussi à l'Afrique du Nord et à une partie du Proche-Orient. Seulement voilà, dès le début du Ve siècle, les Barbares envahissent l'Empire romain d'Occident. Ainsi, des bandes d'Alains, de Vandales et de Suèves ravagent-elles la Gaule (406) avant d'occuper l'Espagne et le Nord de l'Afrique. Alamans, Burgondes, Wisigoths et Francs leur emboîtent le pas. Peu après (447), le féroce Attila (395-453) envahit l'Empire romain d'Orient. Puis il entreprend la conquête de l'Empire d'Occident.

Roi des Huns, Attila appartient à ce peuple conquérant établi dans la plaine hongroise (Pannonie). Soutenu par les Ostrogoths (Goths de l'Est) et les Vandales, Attila envahit la Gaule en 451. Il pille Metz et assiège Orléans, mais se heurte à la résistance du général romain Aetius. Pour vaincre celui que l'on surnomme alors le Fléau de Dieu (voir à *Attila*), Aetius avait d'abord obtenu l'appui des Wisigoths d'Aquitaine, des Burgondes, des Alains et des Francs. Attila perd la célèbre bataille des champs Catalauniques (ouest de l'actuelle ville de Troyes) et se replie en Pannonie. Toutefois, Wisigoths, Burgondes et Francs s'imposent et occupent la Gaule en 476. Cette date marque la chute définitive de l'Empire romain d'Occident et les débuts du Moyen Âge. Les Wisigoths se concentrent dans le Sud-Ouest de la Gaule et étendent leur puissance sur la péninsule ibérique. Les Francs se déploient sur le Nord et l'Est. Installés dans le bassin rhodanien et dans celui de la Saône, les Burgondes donnent leur nom à l'actuelle Bourgogne.

Fâcheuse tendance.

Dès lors, les populations locales s'en remettent aux coutumes des vainqueurs et elles en reviennent donc à l'usage d'un seul nom, une pratique en vigueur chez la quasi-totalité des peuples envahisseurs. Là encore, ce « nom individuel » ne se transmet pratiquement jamais d'une génération à l'autre. Cette formule se prolonge sans trop de difficultés pendant près de cinq siècles. Mais, au fil du temps, un tel système engendre un surcroît d'homonymies sous l'effet conjugué de deux paramètres. Tandis que se développe une forte poussée démographique, le nombre de noms utilisés tend à diminuer, à la fois sous la pression de la mode, mais aussi parce que nombre de personnes veulent utiliser un nom supposé bénéfique ou prestigieux. Une tendance d'autant plus fâcheuse que l'objectif d'un système patronymique vise à singulariser la désignation des individus.

Ainsi, à partir du Xe siècle, un lent processus se met en place, en premier lieu dans les familles aristocratiques, puis dans l'ensemble de la population. Peu à peu, le « nom individuel » s'accompagne d'un surnom. Avec l'usage, ce surnom devient héréditaire. Et, à partir du XIIe siècle, il se transforme tout naturellement en nom de famille. Désormais, tout individu va donc disposer d'un prénom (l'ancien nom individuel) suivi d'un patronyme (nom de famille).

La construction de ce patronyme vise à personnaliser efficacement la désignation des individus. Et le choix de ce second nom s'élabore à l'époque en s'appuyant essentiellement sur l'un des quatre principes suivant. Soit à partir d'une spécificité physique ou morale (qualité ou défaut) : Leborgne, Leroux, Legrand, Calvet (chauve), Lepetit, Lebègue, Lesage (homme savant), Doucet (homme gentil), Vaillant ou Hardy (hommes courageux), Cocteau (de coq, désignant une personne prétentieuse), Renard (personnage rusé), etc. Soit à partir d'un lieu d'origine, d'habitation ou d'activité professionnelle : Dupont (du Pont), Laplace (de la Place), Lacotte ou Lacoste (de la Côte, du coteau), Ducastel (du château, le castel), Duhamel (du hameau), Dumas (du mas, de la ferme), Dubois ou Dubosc ou Dubost (du Bosc, le bois), Allemand, Lebreton, Pujol (de la petite colline), Casanova (la maison neuve), Lafargue (la forge), Colomer (qui possède un colombier), Lavigne, Trilles (la treille), etc. Soit sur les bases d'un métier : Leboucher, Couturier, Boulanger, Barbier, Tisserand, Fabre et Faure ou Lefèvre (dérivé de forgeron, voir Lafargue), Sabatier (sabotier). Reste une quatrième voie, l'utilisation du « nom individuel » du père : Martin, Bernard, Thomas, Robert, Richard, Simon, Laurent, Michel, etc. Plus rarement en utilisant celui de la mère : Lamartine (Martine). Une solution de facilité très largement répandue entre les Xᵉ et XIIᵉ siècles. Résultat, aujourd'hui, de nombreuses personnes portent un patronyme hérité d'un prénom d'origine germanique (inspiré par les envahisseurs du Vᵉ siècle) ou d'origine chrétienne (inspiré par la Bible). Parfois, il peut aussi s'agir d'un très ancien prénom qui n'est plus du tout usité (par exemple, le patronyme Garnier vient d'un prénom germanique qui signifie le guerrier défenseur).

Il faut aussi dire un mot de tous ces noms de familles qui portent un affixe (soit un préfixe, soit un suffixe) qui signifie « fils de ». Cet usage se rencontre dans de multiples pays. Chez les Grecs (poulos) : Rastapopoulos ; chez les Arabes (Ben) : Ben Guigui ; chez les Irlandais (O') : O'Neal, O'Brien ; chez les Écossais (Mac) : Mac-Donald, Mac-Cormick ; chez les Anglais (son) : Richardson, Jackson ; chez les Scandinaves et les Néerlandais (sen, soone, en) : Leenesoone (fils d'Hélène), Matheeusens (fils de Mathieu), Wilsen (fils de Guillaume) ; chez les Slaves (vitch) : Petrovitch (fils de Pierre) ; chez les Polonais (ski) : Poniatowski ; chez les Roumains (escu) : Basilescu (fils de Basile). À l'origine, chacun de ces rajouts a donc été apposé au prénom de l'ancêtre fondateur de la famille. En France, ce principe n'a pas suscité un large engouement. On le trouve cependant dans des patronymes du type Dejean ou Degeorges (fils de Jean ou de Georges).

Manifestement, ce bel édifice n'a pas suffi. Chacun se souvient des surnoms qui ont circulé dans nos cours de récréation. Et, aujourd'hui, sur le lieu de travail. Cependant, le ressort diffère ici de celui utilisé il y a dix siècles. Car il ne s'agit plus d'identifier avec précision un individu pour des raisons administratives et sociales, mais plutôt de le montrer du doigt. De le différencier du groupe avec une connotation ironique, voire méchante, mais aussi parfois affectueuse ou admirative. Et au-delà du lieu fermé de l'école, de la famille ou de l'entreprise, moult personnalités d'exception dans l'Histoire ont reçu de l'opinion publique un surnom aux origines parfois curieuses, voire obscures, mais toujours suffisamment expressives pour s'imposer au-delà des siècles.

Soulignons qu'il convient de ne pas confondre surnom (ou sobriquet) et pseudonyme. Le pseudonyme (nom d'emprunt) préserve l'anonymat de ceux qui ne souhaitent pas utiliser leur patronyme pour exercer une activité publique. Ainsi, celui qui décide de changer de nom choisit attentivement son pseudonyme. En revanche, le vrai surnom est toujours attribué sans l'assentiment de la personne ainsi désignée. Dans le présent ouvrage, nous n'évoquons d'ailleurs que ces plus célèbres surnoms de l'histoire. En toute rigueur, Lénine ne devrait donc pas y figurer dans la mesure où le vibrionnant Vladimir Ilitch Oulianov a lui-même décidé de changer de patronyme. C'est là l'unique exception.

Enfin, outre une large part consacrée aux surnoms célèbres des plus grands personnages de l'humanité, le présent ouvrage s'attarde également sur les surnoms attribués à certaines périodes, mais aussi à moult lieux ou objets emblématiques, sans oublier les événements et les mouvements sociaux qui ont marqué l'histoire du monde.

~

PERSONNAGES

A

Konrad Adenauer
(1876-1967)

~

Le Ridé de fer

Réélu chancelier de la République fédérale d'Allemagne pendant quatorze années de suite (1949-1963), le populaire Konrad Adenauer restera l'indiscutable artisan de la réintégration de son pays dans l'Europe occidentale. En outre, Adenauer travaillera sans relâche à la réconciliation franco-allemande.

Taciturne et souvent capricieux, nombre de ses interlocuteurs ou collaborateurs l'ont dépeint sous les traits d'un personnage grincheux et, surtout, très autoritaire. Et lorsque Konrad Adenauer est réélu au poste de chancelier en 1961, à l'âge de quatre-vingt-cinq ans, le temps n'avait guère arrangé le caractère irascible du bonhomme que beaucoup surnommaient déjà le Ridé de fer. En faisant allusion au visage creusé de rides du chancelier atrabilaire, l'expression évoquait en un joli jeu de mots le célèbre rideau de fer. La formule fut employée après la Seconde Guerre mondiale dans les démocraties occidentales pour qualifier l'isolement des pays d'Europe centrale placés sous la domination de l'Union soviétique. En 1961, le rideau de fer connaît une bien pénible concrétisation, puisque le symbole devient réalité avec l'édification du mur de Berlin.

~

Anne de Bretagne
(1477-1514)

~

La Duchesse en sabots

Intelligente et déterminée, Anne de Bretagne défend avec ténacité son duché face à l'armée royale dès 1488, à la mort de son père, François II. Mais les troupes bretonnes s'inclinent à Saint-Aubin-du-Cormier. Puis, à la suite de son mariage en 1490 avec le prince autrichien Maximilien de Habsbourg (futur empereur germanique Maximilien Ier), et en dépit de renforts anglais et castillans, Anne renonce à un combat devenu impossible. Au cours de ces deux années particulièrement difficiles pour la population bretonne, Anne n'hésitait pas à se rendre sur le terrain, visitant ici ou là fermes et campements des forces ducales. Son cortège s'embourba souvent sur les chemins boueux et, avec un naturel qui ne manqua pas d'impressionner les témoins, Anne chaussait des sabots de bois semblables à ceux que portaient les paysans. Ainsi devient-elle la Duchesse en sabots, puis la Reine en sabots. En effet, le pape Innocent VIII annule le mariage avec Maximilien d'Autriche et Anne épouse

Charles VIII en décembre 1491, au château de Langeais. Cette union royale est conforme au traité du Verger (19 août 1488) qui stipule que François II, dernier duc de Bretagne et père d'Anne, devait soumettre le mariage de sa fille à l'approbation préalable du roi de France. De surcroît, si le couple n'a pas d'enfants, le contrat de mariage prévoit que la Duchesse en sabots devra épouser le successeur de Charles VIII. Et le scénario se déroule comme prévu. Après la mort de Charles VIII en avril 1498, Anne de Bretagne épousera Louis XII (janvier 1499).

La Duchesse en sabots donnera naissance à Claude de France qui épousera François d'Angoulême, futur François Ier, en 1514.

~

Louis Armstrong
(1901-1971)

~

Satchmo

En grande partie autodidacte, Louis Armstrong n'a qu'une douzaine d'années lorsqu'il crée un quartette vocal. Dès lors, il chante dans les rues de son quartier natal de La Nouvelle-Orléans (Louisiane). Puis il apprend à jouer du cornet, de la clarinette et de la trompette.

Après avoir joué dans différents orchestres dès l'âge de dix-sept ans, Armstrong débute sa carrière de leader. En 1925, il fonde le *Hot Five*. Deux ans plus tard, à la tête du *Hot Seven*, Louis adopte définitivement la trompette. Tournant décisif dans la mesure où cet instrument lui permet de s'exprimer avec une exceptionnelle virtuosité.

Dans les années 1930, Armstrong s'impose comme l'un des plus grands trompettistes de son époque et, aussi, comme un remarquable vocaliste de jazz (il invente notamment le fameux « scat », vocalises syncopées). Ainsi, en renonçant à l'improvisation collective du style dixieland, Louis Armstrong va imposer la notion de « soliste accompagné ». Le jazz prend ici la forme historique que nous lui connaissons aujourd'hui.

Le succès dépasse rapidement les frontières des États-Unis. Armstrong enchaîne les tournées à travers le monde (Europe, Japon, Union soviétique) et il devient une sorte d'ambassadeur de cette nouvelle expression musicale. Le génial trompettiste, jovial, habité par son art, souriant, visage rond, joues gonflées et lèvres puissantes, gagne alors le surnom de Satchmo. Une contraction du mot composé américain *satchel-mouth*. Compte tenu de l'élan de sympathie unanime dont jouissait Louis, il n'existe aucune équivoque possible sur la couleur affectueuse du surnom Satchmo. Pourtant, *satchel-mouth* a le sens peu aimable de grande gueule, de gueulard. Mais le terme argotique *satch* peut aussi désigner un individu tout simplement affublé d'une grande bouche. Enfin, *satchel* signifie également sac (plutôt de cuir), besace, gibecière. Il semble que ce soit donc dans cette direction qu'il faille plutôt chercher l'analogie, source d'une inventivité aux méandres parfois curieux. Quoi qu'il en soit, Satchmo continuera de se produire jusqu'à son dernier souffle, le 6 juillet 1971, à New York.

~

Attila
(395-453)

~

Le Fléau de Dieu

Peuplades asiatiques nomades d'origine turco-mongole, les Huns mettent sur pied une armée cosmopolite qui mène des combats sanglants en développant des techniques particulièrement élaborées en matière de cavalerie militaire. En fait, les Huns sont à l'origine des Grandes Invasions barbares qui disloquent l'Empire romain des IVe et Ve siècles. Ils conquièrent l'empire des Ostrogoths, actuelle Russie méridionale (375), déracinent les Wisigoths, puis s'allient aux Goths pour lutter contre les Romains. Au Ve siècle, les Huns constituent une vaste horde de guerriers agressifs établis en Pannonie, la région danubienne de l'actuelle Hongrie.

En réalité, la légende des Huns commence avec l'arrivée au pouvoir d'Attila en 434. Ce chef emblématique fait assassiner son frère en 445. Deux ans plus tard, il ravage l'Empire romain d'Orient, y étend sa domination et enrôle les vaincus dans ses armées. Après avoir étrillé l'empereur byzantin Théodose II,

Attila entreprend la conquête de l'Empire romain d'Occident. Soutenu par une armée constituée d'Ostrogoths, Attila envahit la Gaule (451), aux côtés de Genséric, roi des Vandales. Ainsi, Metz subit le même sort que tant d'autres cités.

À cette époque-là, Attila a déjà acquis la sombre réputation de celui qui pille, saccage, égorge et brûle tout sur son passage. Terrifiée, la tradition populaire accrédite même l'idée que l'herbe ne repousse jamais plus sur le sol foulé par son cheval. En ajoutant à ce sinistre tableau le fait qu'Attila apparaît comme une sorte de messager de Satan qui lutte perpétuellement contre des chrétiens, on aura vite compris que le surnom de Fléau de Dieu lui allait à merveille. D'ailleurs, les chroniqueurs de l'époque soulignent qu'Attila aimait à s'affubler lui-même de ce surnom.

Fort de ses multiples succès, le Fléau de Dieu assiège ensuite Orléans. Mais là, pourtant à la tête de troupes très organisées, il rencontre la vive résistance du général romain Aetius. De surcroît, celui-ci a trouvé l'appui des Wisigoths d'Aquitaine, des Burgondes, des Alains et des Francs.

Connu sous le nom de bataille des champs Catalauniques, le combat décisif se déroule en 451 à l'ouest de l'actuelle ville de Troyes, au *campus Mauriacus.* Cette bataille des champs Catalauniques demeure le premier exemple d'une coalition de Barbares et de Romains christianisés face à un envahisseur totalement étranger. Enfin vaincu, Attila se retire en Pannonie où il hiverne. Cependant, cette première défaite ne semble pas le perturber. L'année suivante, toujours assoiffé de sang et de conquêtes, le Fléau de Dieu se dirige vers l'Italie. Il dévaste Aquilée, Milan et Padoue. Courageux, le pape Léon Ier se rend alors au-devant d'Attila et le persuade d'épargner la ville en échange d'un colossal trésor. Tandis qu'il s'apprêtait à mener une nouvelle expédition sur le reste de l'Italie, Attila meurt en 453.

~

B

Bayard, Pierre Terrail, seigneur de
(1476-1524)

~

Le Chevalier sans peur et sans reproche

Figure emblématique du courage, de la hardiesse, de la bravoure et de la détermination, mais de surcroît toujours enclin à la plus élégante clémence, magnanimité – voire générosité – envers un adversaire vaincu, Pierre Terrail, seigneur de Bayard, méritait sans nul doute cette distinction de Chevalier sans peur et sans reproche. Le surnom fut popularisé dès 1527 par Jacques de Mailles (1475-1540), auteur d'un ouvrage intitulé *La très joyeuse et très plaisante histoire du gentil seigneur de Bayart* (ici avec un t). Archer, puis secrétaire du valeureux chevalier, Jacques de Mailles vécut longtemps dans l'intimité de son maître. À l'origine, la biographie fut publiée sous le pseudonyme de Loyal Serviteur.

Fait chevalier après s'être brillamment illustré à la bataille de Fornoue, en Italie (1495), tandis qu'il œuvre alors au service de Charles VIII, Bayard participe, sous Louis XII, à la conquête du Milanais. Et il montre, à cette occasion, une exceptionnelle vaillance. En effet, la légende continue de prétendre que Pierre Terrail défendit farouchement le pont du Garigliano, seul contre… deux cents soldats espagnols. On suppose que Bayard avait malgré tout le soutien de quelques hommes, ce qui n'enlève rien à sa pugnacité. Ensuite, Bayard combat à de nombreuses reprises en Italie (Gênes en 1507, siège de Brescia en 1512), puis en Picardie à partir de 1513.

Capturé en moult occasions, Pierre Terrail sera toujours libéré sans avoir à verser de rançon, preuve du profond respect que lui vouaient ses adversaires. En 1515, le Chevalier sans peur et sans reproche joue un rôle décisif dans la victoire de François Ier à Marignan (Lombardie). Après avoir obtenu de Charles Quint qu'il lève le siège de la forteresse de Mézières, Bayard revient se battre en Italie où il trouve la mort en 1524.

~

Simone de Beauvoir

(1908-1986)

~

Le Castor, la Sartreuse de charme

Dans *Tout compte fait,* livre publié en 1972, Simone Bertrand de Beauvoir évoque sa rencontre avec Jean-Paul Sartre : « Ce fut l'événement capital de mon existence. » Effectivement, les deux jeunes gens, qui obtiennent l'agrégation de philosophie en 1929, vivront une relation amoureuse et intellectuelle particulièrement complexe. Cet indéfectible lien fondé sur la liberté (donc la responsabilité et le respect mutuel) se prolongera jusqu'à la mort de Sartre en 1980. Mais l'union librement consentie entre les deux écrivains ne se transformera jamais en couple, au sens bourgeois du terme : pas de mariage et pas de vie commune. Avec en filigrane diverses liaisons étalées au grand jour et réciproquement consenties. Elle sera son « amour nécessaire » en opposition aux « amours contingentes » qu'ils seront tous deux amenés à connaître.

Dans *Mémoires d'une jeune fille rangée* (1958), Simone de Beauvoir évoque sa jeunesse et la période de ses études. Et elle raconte que ce surnom de Castor lui avait été donné par René Maheu, l'un des membres (avec Sartre et Paul Nizan) d'un inséparable trio faussement dilettante. En la comparant à un petit castor, Maheu voulait signifier que Beauvoir, elle, avait plutôt tendance à s'agiter et à travailler. Jean-Paul Sartre (1905-1980) reprendra volontiers le terme en soulignant pour sa part le rapprochement de sonorité qui existe entre Beauvoir et le mot anglais *beaver*... qui se traduit par castor. Et d'ajouter que, comme elle : « Les castors vont en bande et ils ont l'esprit constructeur. »

Après la Seconde Guerre mondiale, Jean-Paul Sartre, Raymond Aron, Michel Leiris, Maurice Merleau-Ponty, Boris Vian et quelques intellectuels de gauche fondent la revue *Les Temps modernes.* Simone de Beauvoir se joint au projet qui vise à promouvoir l'existentialisme. Mais elle continue son œuvre personnelle qui met en lumière son engagement pour le communisme et l'athéisme. Simone de Beauvoir effectue aussi de multiples voyages (États-Unis, Chine, Russie, Cuba) et le Castor rencontre notamment Fidel Castro, Che Guevara et Mao Zedong. Aux États-Unis, elle engage une relation passionnée avec l'écrivain américain Nelson Algren. Elle lui enverra plus de 300 lettres.

La consécration survient en 1949 avec *Le Deuxième Sexe,* livre qui sera l'objet d'une gigantesque polémique. Dès lors, Beauvoir sera l'égérie du féminisme germanopratin mondain. Cependant, son analyse de la condition féminine à travers les mythes, les civilisations, les religions, marque un indéniable tournant dans la réflexion sur la situation de la femme dans la société. En 1954, Simone de Beauvoir obtient le prix

Goncourt pour *Les Mandarins* et elle devient l'un des auteurs les plus lus dans le monde. Ce roman met en scène l'après-guerre et évoque sa relation avec Nelson Algren. Toujours portée par des textes où prédomine la narration autobiographique, le Castor publie notamment *La Force de l'âge* (1960, expériences de femme et de professeur), *La Force des choses* (1963, évocation de sa maturité), *Une mort très douce* (1964, la disparition de sa mère) et *La Cérémonie des adieux* (1981, ouvrage inspiré par la mort de Sartre).

Chacun comprend aisément que la relation Sartre-Beauvoir en intriguait plus d'un dans la gent trotte-menu du Tout-Paris journalistico-littéraire des années 1950. Certes, le poids médiatique de l'époque n'avait rien de comparable avec celui que nous connaissons en ce début de XXIe siècle. Cependant, cette connivence où perçait parfois un zeste d'arrogance qui se mêlait à un indéniable talent attisait forcément les jalousies. Aussi affubla-t-on également Simone de Beauvoir de sobriquets tels que la Grande Sartreuse ou la Sartreuse de charme.

~

Gilbert Bécaud
(1927-2001)

~

Monsieur cent mille volts

Au début de l'année 1955, le charismatique patron de l'Olympia, Bruno Coquatrix, offre à Gilbert Bécaud l'affiche de son célèbre music-hall de la rive droite, à Paris. Trois semaines de récital endiablé et quelques dizaines de fauteuils cassés plus tard, le surnom de Monsieur cent mille volts commence à circuler pour désigner la débauche d'énergie que développe sur la scène ce compositeur-interprète hors du commun pour l'époque. Mais plus personne ne sait très exactement à qui attribuer la paternité de cette expression électrique. D'aucuns penchent pour la presse américaine qui avait déjà remarqué, dès 1950, ce jeune homme exubérant ; au cours d'une tournée outre-Atlantique, Bécaud accompagnait alors Jacques Pills (1910-1970), le premier mari d'Édith Piaf (entre 1952 et 1957).

Toujours vêtu de son inusable costume bleu, d'une chemise blanche et d'une cravate à pois, Monsieur cent mille volts traversera toutes les modes et sera l'un des rares chanteurs français à faire une carrière internationale. Il sut également s'entourer des plus grands paroliers de son temps : Louis Amade, Maurice Vidalin, Pierre Delanoë, Gilles Vigneault ou Charles Aznavour. Parmi ses quatre cents chansons, voici quelques-uns de ses plus grands succès : *Mes mains* (1953), *Les marchés de Provence* (1957), *Et maintenant* (1961), *Dimanche à Orly* (1963), *Nathalie* (1964), *Quand il est mort le poète* (1965), *Le petit oiseau de toutes les couleurs* (1966), *Je reviens te chercher* (1967), *L'important c'est la rose* (1967), *Désirée* (1982), *Madame Roza* (1996), etc.

~

Franz Beckenbauer
(1945-…)

~

Le Kaiser

Considéré par ses pairs comme le meilleur footballeur allemand, et par tous les spécialistes comme l'une des figures majeures de ce sport, Franz Beckenbauer a d'abord évolué en milieu de terrain avant de s'imposer au poste de libero. Il possède un palmarès exceptionnel, tant avec le Bayern de Munich (il rejoint son équipe fétiche dès l'âge de treize ans) qu'avec l'équipe nationale allemande : trois Coupes d'Europe des clubs champions (1974, 1975 et 1976) ; un Championnat d'Europe des nations (1972) et une Coupe du monde (1974). Beckenbauer, qui était chaque fois capitaine de l'équipe, a aussi obtenu à deux reprises (1972,1976) le Ballon d'Or, l'une des distinctions individuelles les plus convoitées dans ce sport. Beckenbauer met un terme à sa carrière de footballeur en 1983. L'année suivante, il devient entraîneur de l'équipe de la République fédérale d'Allemagne. À sa tête, le Kaiser remporte la Coupe du monde en 1990.

Doté d'une incomparable maîtrise technique, élégant, pugnace, meneur d'hommes et fin stratège, Beckenbauer reçoit le surnom de Kaiser (empereur) à partir de 1968. Le terme semble puiser son origine dans l'environnement d'une séance photo réalisée avant un match amical qui se déroule à Vienne, en Autriche. Sur le lieu de la prise de vue, Franz Beckenbauer a alors posé au côté du buste de l'empereur François-Joseph Ier d'Autriche (en allemand, *Kaiser Franz Joseph Ier*). Les journaux ont publié la photo en parlant de l'empereur du football. Kaiser s'affirme donc immédiatement sans la moindre difficulté, tant il semble si bien coller à la forte personnalité et à la stature physique de Beckenbauer. Plus de quarante ans plus tard, les journalistes utilisent toujours ce terme lorsqu'ils évoquent Beckenbauer.

~

Boris Becker

(1967-...)

~

Boom-Boom

Joueur spectaculaire et puissant, Boris Becker sera l'un des précurseurs du tennis d'attaque. Il va largement contribuer à donner à ce sport une approche résolument physique en utilisant notamment des services fulgurants. Dans ce secteur du jeu, il fut d'ailleurs l'un des premiers à dépasser une vitesse de balle de 200 km/h. Également doté d'une frappe excessivement lourde, tant de son revers que de son coup droit, Boris Becker remporte les Internationaux d'Allemagne en 1985. Alors âgé de dix-sept ans, le joueur allemand sera le plus jeune vainqueur de l'histoire de Wimbledon. Et ses indéniables qualités de frappeur, qui le rendent particulièrement efficace sur les surfaces rapides, lui vaudront donc le surnom de Boom-Boom.

Boris Becker va de nouveau remporter le tournoi de Wimbledon en 1986 et en 1991, les Internationaux des États-Unis en 1989 et les Internationaux d'Australie en 1991 et en 1996. Il gagne aussi la Coupe Davis avec l'équipe de République fédérale d'Allemagne en 1988 et en 1989 et devient champion olympique de double, aux côtés de Michael Stich, en 1992.

~

Tony Blair, Anthony Charles Lynton, dit Tony
(1953-…)

~

Bambi

Avocat spécialisé dans la défense des intérêts syndicaux, Tony Blair est élu député en 1983. Il accède à la tête du Parti travailliste en 1994 et s'attache alors à la rénovation idéologique de sa formation politique, plongée dans l'opposition depuis près de vingt ans. Tony Blair en recentre le discours et propose une révision profonde de la doctrine travailliste. Le Parti se transforme en « New Labour » et obtient une victoire massive aux élections législatives anticipées de 1997. Tony Blair succède donc au Premier ministre conservateur John Major.

Dès cette époque, le quotidien populaire britannique *The Sun* lui attribue le sobriquet de Bambi sans que personne ne sache vraiment en expliquer les fondements. Pour argumenter, d'aucuns font spontanément référence à l'élégante prestance de ce jeune homme au sourire charmeur et à son regard enfantin de faon. Mais d'autres se souviennent que des journalistes du *Sun* avaient justifié leur trouvaille en expliquant que les dinosaures du Parti travailliste ne feraient qu'une bouchée du trop tendre Tony, d'où le surnom de Bambi. Ils ont eu tort puisque Tony Blair restera au pouvoir jusqu'en 2007 et qu'il sera le premier travailliste à remporter, d'une part, trois succès consécutifs aux législatives (1997, 2001 et 2005) et, d'autre part, à exercer trois mandats consécutifs de Premier ministre du Royaume-Uni.

~

Auguste Blanqui
(1805-1881)

~

L'Enfermé

Affilié dès 1824 à la Charbonnerie (société politique secrète qui a pour visée d'établir la république), Auguste Blanqui s'associe aux manifestations étudiantes de 1827, puis à l'insurrection parisienne des Trois Glorieuses (juillet 1830) qui débouche sur l'abdication de Charles X. Car si Auguste Blanqui reste malgré tout un théoricien du socialisme, il récuse cependant l'utopie communiste et s'engage fermement dans l'action révolutionnaire. L'arrivée au pouvoir de Louis-Philippe, roi « des Français » et non plus « de France », ne calme pas tous les esprits ni ses ardeurs et Auguste Blanqui participe aux multiples émeutes de l'année 1831.

Accusé de complot contre la sûreté de l'État en janvier 1832, Blanqui sort de prison un an plus tard. Désormais, l'homme n'adhère plus qu'à une seule théorie : mettre en place par la force un État populaire chargé de réglementer la production, de répartir les biens, d'organiser l'association des travailleurs. Et il sera logiquement de tous les soulèvements insurrectionnels.

Ce qui lui vaut de passer plus de trente ans de sa vie en prison. Au point qu'on le surnommera « l'Enfermé ».

Après un coup de main contre l'Hôtel de Ville en mai 1839, il est écroué avec Armand Barbès (1809-1870) et prend la tête du mouvement prolétarien de Paris dès sa libération en 1847. Puis Blanqui retrouve de nouveau le cachot à la suite d'un coup de force contre l'Assemblée en 1848. Il doit purger une peine de dix ans. Puis l'Enfermé cherche à fonder une société secrète avec pour objectif de déclencher « la » révolution. Mais il retourne en prison en 1861, s'évade en 1865 et parvient enfin à organiser une armée clandestine forte de deux mille cinq cents fidèles. Cette troupe de farouches combattants, dévoués et inconscients, échoue dans sa tentative d'insurrection menée le 14 août 1870. L'Enfermé décide alors d'ajouter une corde à son arc en créant un journal intitulé *La Patrie en danger*.

Arrêté en mars 1871, Auguste Blanqui ne participe donc pas à la Commune (mars-mai 1871). Condamné à la déportation et à la dégradation civique, sa peine est commuée en emprisonnement. L'Enfermé sera amnistié en 1879. Infatigable, il fonde alors un journal dans lequel il développe son action d'organisateur du mouvement socialiste. Journal dont le titre sonne comme un slogan qui restera à tout jamais accolé au mouvement anarchiste : *Ni Dieu ni maître*.

~

Simón Bolívar
(1783-1830)

~

Le Libérateur

Figure emblématique de la lutte pour l'indépendance de l'Amérique latine contre les forces espagnoles, Simón Bolívar soutient les efforts de Francisco Miranda (1750-1816) pour proclamer l'indépendance du Venezuela en juillet 1811. Francisco Miranda sera d'ailleurs surnommé *El Precursor* (le Précurseur) dans la mesure où il apparaît parmi les tout premiers indépendantistes de l'Amérique latine.

En 1813, après sa défense victorieuse de la Nouvelle-Grenade contre les troupes espagnoles, Simón Bolívar décrète « la guerre à mort » contre les royalistes. Il rentre au Venezuela et prend Caracas. Aux yeux de tous les siens, il devient alors *el Libertador* (le Libérateur). Certes, cette victoire s'impose comme le prélude d'une guerre de libération de longue haleine, mais elle ne suffit pas pour résister à la pression militaire espagnole. Et le Libérateur doit s'exiler en Jamaïque, puis en Haïti.

Conforté dans ses idéaux et plus que jamais déterminé à combattre le pouvoir colonial, Simón Bolívar et ses troupes indépendantistes infligent une terrible défaite aux armées royales de José Maria Barreiro (Boyacá, 1819). Conséquence : la république de Grande-Colombie, constituée du Venezuela et de la Nouvelle-Grenade, est proclamée le 17 décembre 1819. Le Libérateur en devient le président et assure l'indépendance définitive du Venezuela grâce à une nouvelle victoire à Carabobo en 1821.

Issu d'une riche famille aristocratique créole installée au Venezuela, Simón Bolívar s'était imprégné de la philosophie des Lumières au cours de longs voyages en Europe dès l'âge de seize ans. Déplacements et rencontres qui ont également contribué à forger son esprit révolutionnaire. Aussi, fort de ses succès et habité par une incontestable ambition, Simón Bolívar rêve-t-il d'une Amérique latine unifiée. En 1822, il défait les loyalistes de Quito (actuel Équateur) et en obtient l'indépendance et l'intégration à la Grande-Colombie. Deux ans plus tard, le Libérateur devient président du Pérou. Et, en 1825, Simón Bolívar instaure une république dans le sud du Pérou, qui, en hommage à Bolívar, s'appellera Bolivie. Cependant, le Libérateur ne parviendra pas à parachever ses desseins. En 1826, son projet de bâtir un grand mouvement panaméricain échoue au congrès de Panamá. En 1827, Simón Bolívar renonce donc au pouvoir en Bolivie et au Pérou. Deux ans plus tard, il échappe à un attentat et, impuissant, assiste au déchirement de la confédération de

Grande-Colombie. En émergent trois républiques indépendantes : Venezuela, Équateur et Colombie. Le Libérateur quitte définitivement le pouvoir en avril 1830 et meurt huit mois plus tard.

~

Abel Bonnard
(1883-1968)

~

La Gestapette

Poète, romancier et essayiste, Abel Bonnard publie son premier recueil à l'âge de vingt-deux ans, *Les Familiers* (ouvrage couronné par l'Académie française). Journaliste, il écrit dans *Le Figaro, Le Journal, Comœdia* et *Paris-Midi.* Il publie ensuite de nombreux ouvrages *(La Vie amoureuse d'Henri Beyle, La Vie de saint François d'Assise, Au Maroc, Rome, L'Enfance, Éloge de l'ignorance, L'Argent, L'Amitié)* qui lui valent une élection à l'Académie française en 1932.

À partir de 1925, Abel Bonnard est influencé par la doctrine nationaliste de Charles Maurras (1868-1952). Puis il évolue progressivement vers le fascisme dans les années 1930 et publie notamment dans un quotidien comme *Le Nouveau Siècle*, organe officiel du Faisceau (le premier parti français ouvertement fasciste issu d'une scission avec l'Action française, un mouvement patriotique antidreyfusard, antisémite et antiprotestant). Nationaliste maurassien, antiparlementariste et antisémite, Abel Bonnard signe le « Manifeste pour la défense de l'Occident et de la Paix en Europe ». Puis il s'inscrit logiquement au Parti populaire français (PPF) de Jacques Doriot. Le PPF (1936-1945) était le principal parti politique fasciste français et l'un des deux principaux partis collaborationnistes en 1940-1944 avec le Rassemblement national populaire (RNP) de Marcel Déat.

Sous l'occupation, Abel Bonnard rejoint donc sans hésiter les rangs de ces collaborationnistes qui éprouvent une vive sympathie pour l'Allemagne nazie et qui souhaitent que la France s'allie avec Hitler. Militant, il soutient des initiatives comme la création, en juillet 1941, de la LVF (Légion des volontaires français contre le bolchevisme) dite Légion des volontaires français ou LVF. Et, tout naturellement, Abel Bonnard écrit dans *Je suis partout,* l'hebdomadaire emblématique du collaborationnisme qui multiplie des appels au meurtre contre les juifs et contre les hommes politiques de la IIIe République. Puis Abel Bonnard obtient son bâton de maréchal… du maréchal (Pétain). En février 1942, il devient ministre de l'Éducation nationale et de la Jeunesse dans le gouvernement de Vichy. Poste qu'il occupera jusqu'en 1944.

Fort de ce peu glorieux pedigree qui le fait côtoyer la Gestapo, et toujours à l'affût d'un cinglant jeu de mots, le journaliste du *Canard enchaîné,* Jean Galtier-Boissière (1891-1966), surnomme Abel Bonnard la Gestapette. Une saillie qui prend tout son sel quand on connaît l'homosexualité d'Abel Bonnard !

Face à l'avancée des troupes alliées en France, la Gestapette s'enfuit dans le sud de l'Allemagne en septembre 1944, puis trouve refuge en Espagne où il obtient l'asile politique. Condamné à mort par contumace en 1945, la Gestapette revient en France en 1960. Rejugé et condamné à dix ans de bannissement avec effet rétroactif, sa peine était donc purgée. Mais Abel Bonnard préférera finalement finir sa vie en Espagne.

~

Björn Borg

(1956-…)

~

Iceman

Considéré comme l'un des meilleurs joueurs de tennis de tous les temps, le Suédois Björn Borg a remporté onze tournois du Grand Chelem à la fin des années 1970, dont cinq fois de suite Wimbledon entre 1976 et 1980 et six fois Roland-Garros. Doté d'un jeu de fond de court sûr et précis, concentré à l'extrême, stoïque en toutes circonstances, impassible, même face au talent prometteur de l'impétueux Américain John McEnroe (notamment au cours de sa dernière finale de Wimbledon en 1980), Björn Borg possède une volonté hors du commun qui confine parfois à le rendre inquiétant. Certains diront que le Suédois joue comme une machine. Rien d'étonnant que les journalistes puisent dans cet exceptionnel sang-froid la source d'inspiration qui va générer le surnom d'Iceman (l'Homme de glace). On trouve aussi dans la littérature sportive de l'époque les surnoms de Iceborg ou d'Extra-terrestre qui prennent source dans les mêmes ressorts de la personnalité de ce joueur atypique qui quitte l'école à l'âge de quatorze ans pour se consacrer corps et âme au tennis et qui devient professionnel deux ans plus tard.

Avant tout grand défenseur, Iceman n'en possède pas moins un jeu très complet qui lui permet de briller aussi bien sur la terre battue de Roland-Garros que sur la pelouse de Wimbledon. Toutefois, même si Björn Borg a dominé le tennis mondial pendant une dizaine d'années, jamais le Suédois ne parviendra à s'imposer à l'US Open de tennis (que ce soit à Forest Hill ou à Flushing-Meadow). Il perd en finale à quatre reprises (deux fois contre Jimmy Connors et deux fois contre John McEnroe). Pour la petite histoire, soulignons que Iceman jouait avec une petite raquette en bois. Mais il a cependant agité le monde du tennis (et quelques gentlemen puristes) en proposant son fameux revers à deux mains doté d'un curieux et efficace effet accélérateur sur la balle.

~

Jacques Bossuet
(1627-1704)

~

L'Aigle de Meaux

Prélat, écrivain et théologien catholique français, Jacques Bossuet fait ses études secondaires chez les jésuites de Dijon, sa ville natale, avant de gagner la capitale. Ordonné prêtre en 1652, il soutient l'action de saint Vincent de Paul et est nommé évêque de Condom dans le Gers, en 1669. L'année suivante, Louis XIV lui demande de devenir le précepteur de son fils, le Dauphin Louis de France. Rôle que Bossuet exerce pendant dix ans.

En 1681, Bossuet reçoit l'évêché de Meaux. À l'époque, il a déjà acquis une exceptionnelle notoriété d'orateur, mais sa réputation en la matière ne cesse de croître, tant ses discours, oraisons funèbres, sermons et panégyriques de saints marquent les esprits. Œuvres d'un prédicateur jamais égalé, tous ces textes d'un pur classicisme expriment une étonnante rigueur démonstrative soutenue par un subtil lyrisme mystique. Et Bossuet acquiert alors le titre d'Aigle de Meaux. À l'instar de l'oiseau-roi (symbole de puissance absolue), Bossuet domine son sujet : l'éloquence.

L'Aigle de Meaux joue un rôle de premier plan dans l'Église de France dont il devient une sorte de chef officieux. En tant que théologien, il lutte contre les protestants et, par ailleurs, s'implique aux côtés du roi dans le conflit qui oppose Louis XIV au pape Innocent XI sur le droit d'ingérence du Saint-Siège dans les affaires de la France. Bossuet va également écrire un brillant *Discours sur l'histoire universelle* (1681), une sorte d'essai de philosophie chrétienne et une *Histoire des variations des Églises protestantes* (1688).

Le 21 août 1670, sous la voûte de la basilique de Saint-Denis, Bossuet (tout nouvel évêque de Condom) prononce l'une de ses plus célèbres oraisons funèbres. Celle d'Henriette d'Angleterre, duchesse d'Orléans, épouse du frère du roi Louis XIV, morte subitement le soir du 30 juin. L'étrange disparition de la duchesse d'Orléans trouble Versailles, mais aussi une grande partie de l'Europe, et un parfum de mystère plane sur cette affaire. Dans une brillante formule, Bossuet libère les larmes jusqu'ici dignement retenues dans l'assistance : « Ô nuit désastreuse, ô nuit effroyable où retentit tout à coup comme un éclat de tonnerre cette étonnante nouvelle ! Madame se meurt, Madame est morte ! »

~

George Brummell
(1778-1840)

~

Le Beau

« Tout Dandy est un *oseur*, mais un *oseur* qui a du tact, qui s'arrête à temps et qui trouve, entre l'originalité et l'excentricité, le fameux point d'intersection de Pascal. » Extrait de l'essai de Barbey d'Aurevilly (1808-1889), intitulé *Du dandysme et de George Brummell,* ce court passage résume assez bien la complexité de cette curieuse posture qui ne s'exprime pas seulement par le truchement des ornements vestimentaires. Certes, le dandy s'habille avec élégance et il peut passer des heures à nouer sa cravate ; mais, au-delà de son apparence soignée, sa prestance doit impérativement dégager, sans le moindre effort apparent, distinction, raffinement, charme et harmonie.

Dans *Le Peintre de la vie moderne* (1863), Charles Baudelaire dresse un portrait ironique du dandy. Blasé de tout, oisif, fortuné et détaché des choses matérielles, il incarne la société mondaine du temps : « Ces êtres n'ont pas d'autre état que de cultiver l'idée du beau dans leur personne, de satisfaire leurs passions, de sentir et de penser. […] Le dandysme n'est même pas, comme beaucoup de personnes peu réfléchies paraissent le croire, un goût immodéré de la toilette et de l'élégance matérielle. Ces choses ne sont pour le parfait dandy qu'un symbole de la supériorité aristocratique de son esprit. » En fait, le dandysme se voulait une éthique que Barbey d'Aurevilly résumait joliment en une phrase adroitement ciselée : « J'ai parfois, dans ma vie, été bien malheureux, mais je n'ai jamais quitté mes gants blancs. »

Apparu en Angleterre vers la fin du XVIIIe siècle, le dandy désigne d'abord un homme jeune qui fréquentait l'église ou la foire annuelle dans un vêtement excentrique. Et le terme circule ensuite dans Londres vers 1812 pour qualifier les élégants qui détiennent l'autorité en matière de mode. Et le plus célèbre d'entre eux sera donc George Brummell, connu sous le nom de Beau Brummell, ou, plus simplement surnommé le Beau. En utilisant à dessein, et fort probablement par snobisme, un terme français. Le Beau va d'ailleurs influencer l'écrivain romantique anglais George Byron (1788-1824).

Impassible, impertinent, voire provocateur, le dandy cultive avec dédain le goût du paradoxe et le culte de sa personne. Il méprise les aventures sentimentales et règle ses journées entre déjeuners, mondanités et flâneries. Oscar Wilde, Charles Baudelaire, Honoré de Balzac, Stendhal, Eugène Sue, Lord Seymour, Villiers de L'Isle-Adam et le comte Robert de Montesquiou resteront, à l'instar du Beau Brummell, des figures emblématique du dandysme.

À dix-sept ans, George Brummell devient l'ami intime du prince de Galles, le futur roi George IV. Et son style s'étend à toutes les capitales européennes. Criblé de dettes de jeu et harcelé par ses créanciers, le Beau se réfugie en France, à Caen, et passe les dix dernières années de sa vie dans le plus total dénuement. Le Beau meurt dans un hospice pour indigents.

~

Ç

Maria Callas

(1923-1977)

~

La Divine Callas, la Divine Diva, La Callas

Dès le début des années 1950, Maria Callas devient la plus célèbre cantatrice de son époque et sa voix de soprano colorature continue de fasciner tous les amoureux d'opéra. Sa personnalité, tant vocale que théâtrale, a d'ailleurs influencé toute une génération d'artistes lyriques. Elle a notamment brillé dans les héroïnes des opéras de Verdi, Puccini, Gluck, Cherubini, Rossini, Bellini, etc.

Jamais Maria Callas ne fut réellement surnommée par la seule expression la Divine, ce surnom revenant sans conteste à Greta Garbo (voir à ce nom). Mais le terme de divine reste bien évidemment accolé à la personnalité de Maria Callas. En effet, dans les années 1950-1960, moult journalistes ont souvent utilisé l'expression « la Divine Callas » pour qualifier l'exceptionnelle étendue du talent – à la fois vocal et scénique – de la cantatrice. En France, d'autres ont également évoqué la Divine Diva. Sachant que le mot diva désigne une cantatrice de renom disposant d'une voix et d'une technique exceptionnelles et que ce mot italien signifie divine, la Divine Diva ressemble donc à une curieuse répétition. La tournure visait probablement à accentuer le compliment.

On sait encore que Maria Callas fera taire ses derniers détracteurs en 1944, lors de son interprétation de Léonor dans l'opéra de Beethoven, *Fidelio*. Tous admettent enfin que la cantatrice possède « un don du ciel ». Et l'une de ses rivales de l'époque ajoute : « Se pourrait-il qu'elle ait quelque chose de divin et que nous ne l'ayons pas réalisé ? » La relation avec le mot divine remonte donc à ses débuts professionnels. Quant au terme *divina*, il vient en droite ligne du temple de l'opéra, la Scala de Milan, où Maria Callas chante pour la première fois en 1951. *Divina* descend du paradis ! De cet endroit aussi appelé poulailler, le plus élevé du théâtre, là où se retrouve un public moins argenté mais souvent fin connaisseur. Et, à l'issue des spectacles de Maria Callas, ces fiévreux admirateurs avaient pris l'habitude d'accompagner leurs frénétiques applaudissements par des cris enthousiastes : *Divina ! Divina !* On le voit, le terme divin a bel et bien touché très tôt « la » Callas. Car, dans la réalité, le surnom de La Callas restera le plus populaire et celui qui sera le plus couramment utilisé. Pour sa part, le compositeur, chef d'orchestre et pianiste américain Leonard Bernstein (1918-1990) l'avait également surnommée la Bible de l'Opéra, en ce sens qu'elle représentait pour lui une indéfectible référence.

En août 1923, la famille Kalogeropoulos quitte la Grèce pour les États-Unis et s'installe à New York. C'est là que Maria Anna Sofia Cecilia Kalogeropoulos voit le jour. Six ans plus tard, la famille adopte le patronyme de Callas. Séparée de son mari en 1937, sa mère revient en Grèce avec Maria qui entre alors au conservatoire d'Athènes.

La première prestation de Maria Callas en tant que chanteuse professionnelle a lieu à l'Opéra royal d'Athènes, en 1940. La même année, elle interprète son premier rôle majeur, Tosca, dans l'opéra éponyme de Giacomo Puccini.

À partir de 1948, Maria Callas enchaîne de nombreuses interprétations fort remarquées en Italie. Notamment dans *Aïda* (Verdi) et *Norma* (Bellini). Elle aborde aussi le répertoire wagnérien : *Parsifal, La Walkyrie, Tristan et Isolde.* Puis, toutes les grandes scènes la demandent. C'est le début de son immense succès international, à Milan, Londres, Paris, Mexico, Rio de Janeiro, San Francisco, Dallas, Vienne, etc.

Nouveau tournant dans sa carrière, en 1954. Maria Callas perd une trentaine de kilos en très peu de temps et apparaît totalement métamorphosée dans *Alceste* de Gluck. Et Luchino Visconti la met en scène dans *La Vestale* (1954), *Anna Bolena* et *La Traviata* (1955), un de ses grands triomphes, à la Scala de Milan. Puis, en 1956, ce sera sa première interprétation sur la scène du Metropolitan Opera de New York (dans *Norma* de Bellini). Jusqu'en 1965, elle y joue quatre rôles principaux (Lucia di Lammermoor, Norma, Tosca, la Traviata) au cours de vingt et une représentations.

On ne peut pas évoquer la vie de la Callas sans parler de sa relation avec le richissime armateur grec Aristote Onassis dont elle fut éperdument amoureuse. Au point d'en délaisser le chant pour s'adonner aux extravagances de la vie mondaine. Sa voix s'amenuise, mais la Callas triomphe de nouveau au Metropolitan Opera de New York. Toutefois, en mai 1965, à Paris, tandis qu'elle chante de nouveau *Tosca,* un malaise la contraint à renoncer en pleine interprétation. La Divine Diva fait ses adieux à la scène au Covent Garden de Londres, en juillet 1965.

Maria Callas abandonne alors la nationalité américaine et reprend sa nationalité grecque pour pouvoir épouser Aristote Onassis. Le mariage n'aura jamais lieu puisque Onassis épouse Jacqueline Kennedy en 1968 (la veuve de John Fitzgerald Kennedy, le président des États-Unis assassiné en 1963). Le ténor Giuseppe Di Stefano la persuade d'entreprendre une tournée en sa compagnie en 1973. L'aventure s'achève en novembre 1974, date de son tout dernier concert en public. La Callas décide alors de vivre seule dans son appartement parisien où elle meurt en septembre 1977.

~

Al Capone, Alphonse Gabriel, dit Al

(1899-1947)

~

Le Balafré

La prohibition (interdiction de fabriquer, vendre et transporter des boissons alcoolisées) fut appliquée aux États-Unis entre 1920 et 1933. Fondée sur la volonté de combattre l'alcoolisme et soutenue par de multiples associations qui souhaitaient rétablir la moralité publique, comme l'*Anti-saloon league of America* (Ligue américaine contre les saloons), cette loi (18e amendement de la Constitution) fut mal acceptée, notamment dans les grandes villes et dans les États du Nord-Est où la population considère que la prohibition relève de l'entrave aux libertés individuelles. L'application de la loi va donc immédiatement rencontrer de multiples difficultés : importation illégale d'alcool canadien et mexicain, apparition de distilleries clandestines, organisation de réseaux de distribution parallèles (les *bootleggers*). Non seulement la prohibition manque d'efficacité (à peine 5 % de l'alcool clandestin fut saisi), mais elle génère dès lors une activité productrice et commerciale illégale qui voit croître et embellir de vastes organisations criminelles, puissantes et tentaculaires. Dans la réalité, en essayant d'interdire la consommation d'alcool, la prohibition engendre l'essor d'une criminalité structurée, soutenue par son cortège de scandales, de corruptions et de figures légendaires du grand banditisme. Dont le célèbre Alphonse Capone, gangster d'origine italienne.

Né à Naples, Al Capone grandit à New York et prend la tête, dès 1920, d'une organisation de Chicago spécialisée dans le commerce clandestin des boissons alcoolisées. Quelques années plus tard, il dirige aussi un important réseau de jeu et de prostitution. On le surnomme alors *Scarface* (le Balafré) en raison d'une cicatrice qu'il porte sur la joue gauche. Et à la suite d'une impitoyable guerre des gangs qui va durer une demi-douzaine d'années, *Scarface* prendra le contrôle total de la pègre de Chicago. Condamné pour fraude fiscale en 1931, Al Capone sort de prison en 1939. Atteint par la syphilis, il se retire dans un hôtel particulier à Miami Beach en Floride. Quant à la prohibition, elle sera énergiquement combattue après la crise économique de 1929 par l'Association *against the prohibition amendement* (Association contre l'amendement de la prohibition). Mais il faudra attendre l'arrivée au pouvoir du président démocrate Franklin Delano Roosevelt (1882-1945) pour que le 18e amendement soit annulé, en 1933.

~

Fidel Castro
(1927-...)

~

El Lider Maximo

Quand Fulgencio Batista instaure une dictature à Cuba en 1952, Fidel Castro devient le chef de l'opposition clandestine. En juillet 1953, il tente de prendre le pouvoir et d'installer un régime révolutionnaire, mais il échoue dans l'attaque de la caserne de Moncada, à Santiago de Cuba. Arrêté et condamné à quinze ans de prison, Fidel Castro est amnistié en 1955. Réfugié au Mexique, il n'a toujours qu'une seule idée en tête : faire tomber Batista.

En décembre 1956, à la tête d'un commando de quatre-vingt-deux partisans armés (dont son frère Raúl et le guérillero argentin Ernesto Guevara, dit Che Guevara), Castro part vers Cuba. Ils débarquent sur une plage du sud de l'île. Mais les troupes gouvernementales tuent la plupart des assaillants lors du débarquement. Cependant, Castro et douze de ses hommes parviennent à se réfugier dans les montagnes. Appuyée par les paysans de la région, la guérilla finit par l'emporter. Bastita s'enfuit et Castro prend le pouvoir en janvier 1959. Il instaure un gouvernement révolutionnaire fondé sur une idée essentielle : venir en aide aux plus démunis, notamment par le biais d'une profonde réforme agraire. De surcroît, le régime ne cache pas son anti-américanisme viscéral.

Au début de l'année 1961, les Américains décrètent le blocus économique de Cuba et, en avril, le président nouvellement élu, John Fitzgerald Kennedy, approuve la curieuse opération de la baie des Cochons préparée par la CIA : une tentative de débarquement sur l'île d'exilés cubains hostiles à Fidel Castro. La tentative se solde par un cuisant échec qui ravive la guerre froide et déstabilise un temps la Maison-Blanche. Certains reprochent à Kennedy de ne pas avoir apporté le soutien suffisant à l'expédition ; d'autres l'accusent de l'avoir organisée. Quoi qu'il en soit, Cuba reste isolée face à la pression anticastriste américaine et son économie est asphyxiée. Castro se jette alors dans les bras de Nikita Khrouchtchev. Et, en 1965, Fidel Castro crée le Parti communiste cubain (PCC) et s'aligne sur la politique de l'Union soviétique qui apportera son soutien au régime castriste pendant près de trente ans.

Au cours de toutes ces années, Fidel Castro a accaparé tous les pouvoirs et fut l'objet de moult polémiques : icône révolutionnaire éprise de réformes sociales destinées au bien de son peuple pour certains, archétype du dictateur « rouge » pour d'autres. Et il a ainsi gagné ce surnom de Lider Maximo. Car Castro ne se faisait pas appeler président de la République, ni Monsieur le secrétaire général du parti communiste. Il voulait rester une sorte de chef de groupe, de bande ou de tribu, marchant inlassablement à la tête de ses fidèles partisans, barbe hirsute, cheveux en bataille, cigare aux lèvres et vêtu d'un ineffable treillis. Il est vrai que ce terme espagnol *lider*, venu de l'anglais *leader* (chef, meneur), lui sied à merveille, tant son charisme ne fut pas un vain mot. Quant à *maximo,* hérité du latin, il s'affiche en superlatif de l'adjectif *magnus* : le plus grand. On trouve d'ailleurs ce terme dans les hiérarchies religieuses romaines, par exemple dans l'expression *pontifex maximus* (grand pontife). Ce que n'ignorait peut-être pas le pape Jean-Paul II (1920-2005) lorsqu'il effectue en 1998 la première visite d'un pape sur l'île (à l'invitation du Lider Maximo qui avait toujours tenté de détourner son peuple de la religion catholique). Pour être précis, il convient encore de souligner que le terme Lider Maximo ne s'utilise pas à Cuba. Ni en Amérique latine. On lui préfère *el Commandante.*

La succession se déroule en deux actes. En août 2006, Fidel Castro délègue ses fonctions de Premier secrétaire du Parti communiste, de président du conseil d'État et de chef des forces armées à son frère Raúl. En février 2008, il renonce définitivement au pouvoir et son frère lui succède à la tête du pays.

~

Nicolae Ceausescu
(1918-1989)

~

L'Aigle des Carpates

À la fin de la Seconde Guerre mondiale, l'ancien cordonnier Nicolae Ceauşescu devient le bras droit du dirigeant communiste roumain Gheorghiu-Dej. Vice-ministre de l'Agriculture (1948-1950), puis des Forces armées (1950-1954), Nicolae Ceauşescu entre au Politburo en 1955, soutient la politique d'indépendance nationale de Gheorghiu-Dej et, à sa mort en 1965, lui succède à la tête du parti.

Quand il accède à la présidence du Conseil d'État en 1967, Nicolae Ceauşescu semble vouloir mener une politique de transition. Il séduit même les diplomaties occidentales en condamnant fermement l'intervention soviétique contre le Printemps de Prague, cette période (5 janvier- 21 août 1968) durant laquelle souffle un vent de liberté en Tchécoslovaquie, jusqu'à l'intervention des forces militaires du pacte de Varsovie qui font rentrer le pays dans le rang. D'aucuns voient ici une brèche au sein du bloc soviétique et beaucoup se précipitent à Bucarest, à l'image du général de Gaulle ou du président américain Richard Nixon.

En réalité, Nicolae Ceauşescu n'a qu'une seule idée en tête : imposer une dictature à son peuple.

Inculte notoire et mégalomane au plus haut degré, Nicolae Ceauşescu met en scène le culte de sa personnalité, s'invente le poste de président de la République (1974) et en vient à organiser un népotisme indécent qui s'appuie sur des personnages dotés d'une évidente incompétence. Par exemple, son épouse, Elena, devient vice-Premier ministre en 1980 et son fils, Nicu, accède au rang de ministre. Dans ce contexte à la fois grotesque et délirant, l'image et le moindre geste de Nicolae Ceauşescu se transforment en une sorte de rituel hors du temps. Et il exige alors de se faire appeler le Danube de la pensée, le Génie des Carpates ou l'Aigle des Carpates. Rien de moins !

Rejeté par l'opinion internationale, exécré des Roumains harcelés par la répression, durement touchés par les réductions de salaires et par la pénurie, mais aussi lâché par l'Union soviétique de Mikhaïl Gorbatchev, Nicolae Ceauşescu est renversé le 22 décembre 1989, à l'issue des émeutes de Timişoara qui embrasent le pays. Arrêté le 25 décembre alors qu'il tente de prendre la fuite en compagnie de son épouse, l'Aigle des Carpates est sommairement jugé au cours d'un simulacre de procès militaire. Tous deux seront aussitôt fusillés.

Ion Iliescu prend alors la direction du pays, à la tête d'un Front de salut national (FSN), qui fait office de gouvernement provisoire, avant d'être élu à la présidence de la République.

~

Gabrielle Chasnel
(1883-1971)

~

Coco Chanel

Énigmatique et hautaine, Coco Chanel a su imposer dans la mode un style intemporel symbolisé par son célèbre tailleur de jersey et par ses légendaires robes noires. Sous le nom de Chanel (sans s), Gabrielle ouvre en 1909 une boutique de chapeaux à Paris. Un siècle plus tard, la marque Coco Chanel possède toujours une incontestable réputation internationale.

Née de père inconnu, Gabrielle Chasnel perd sa mère très jeune, entre dans un orphelinat, puis travaille dans une maison de layette à Moulins. Cependant, le soir, elle se produit sur la scène de modestes cabarets fréquentés par les officiers de garnison de la ville. Et si son tour de chant n'a rien d'original, elle obtient toutefois un petit succès local, notamment grâce à une chanson intitulée *Qui a vu Coco dans l'Trocadéro ?* Ce joyeux refrain repris en chœur est parfois suivi de rappels sur scène, au rythme des applaudissements et des cris qui scandent : « Coco ! Coco ! » Ce surnom lui restera.

Grâce au soutien d'un jeune officier de cavalerie, Étienne Balsan, Coco s'installe donc à Paris. Et, en 1912, elle ouvre une seconde boutique. Suivent Deauville (1913) et Biarritz (1915). Coco Chanel imagine et présente alors ses premiers tailleurs de jersey. Puis, dans les années 1920, elle innove de nouveau en étant le premier couturier à lancer son propre parfum, le mythique n° 5. Pendant toute sa carrière, Coco va privilégier une simplicité méticuleusement étudiée, en s'attachant à conjuguer le confort et l'élégance.

Elle ferme sa maison en 1939. Mais ayant entretenu une liaison avec un officier allemand pendant la guerre, elle quitte Paris après la Libération et s'installe en Suisse. En 1954, alors âgée de soixante et onze ans, Coco Chanel reprend du service et présente une nouvelle collection été. Amie de Cocteau et locomotive du Tout-Paris, elle réalise aussi des costumes pour le cinéma, notamment pour les films de Jean Renoir. Dans les années 1960, elle habille également des actrices comme Jeanne Moreau et Delphine Seyrig.

~

Jacques Chirac
(1932-...)

~

Le Bulldozer, l'Agité, Super-Menteur

Président de la République française entre 1995 et 2007, Jacques Chirac fait une entrée tonitruante au cabinet de Georges Pompidou (1911-1974) à l'âge de trente-trois ans. Le dynamisme de ce fringant jeune homme, robuste gaillard corrézien, lieutenant de cavalerie (1956-1958) pendant la guerre d'Algérie et brillant élève de l'École nationale d'administration (ENA, promotion 1959), ne manque pas de chambouler quelques coutumes feutrées dans l'entourage du Premier ministre du général de Gaulle. Petit-fils d'un instituteur de campagne radical et franc-maçon, Jacques Chirac avance, bouscule et pousse les portes sans trop s'attarder sur les contingences, voire au mépris de la hiérarchie intermédiaire. Énergique, chaleureux, ambitieux, efficace et travailleur, bien que parfois un peu brouillon, rien ne semble lui résister. Séduit, Georges Pompidou l'appelle alors le Bulldozer et il le nomme secrétaire d'État aux Affaires sociales en 1967.

Commence ici une longue carrière politique qui conduit fort logiquement Chirac en Corrèze, dans la circonscription d'Ussel. Là, en 1968, le Bulldozer boute un communiste de son bastion. Et il sera réélu jusqu'en 1993, grâce à une exceptionnelle technique déployée dans toutes ses campagnes électorales, que ce soient les grands meetings, les foires ou les plus modestes marchés. Chirac jubile lorsqu'il va à la pêche aux voix : abord direct, goûts simples (charcuterie, boudin, bière et tête de veau), large « sourire Colgate » un peu crispé, poignées de main franches et viriles inlassablement rythmées d'un cordial « bonjour, comment ça va ? ». Sans oublier bien sûr les traditionnelles visites au cul des vaches chaque fois que l'occasion se présente ou que la nécessité l'y oblige. Devant une telle attitude qu'il en venait inconsciemment à caricaturer, certains journalistes l'ont parfois appelé le Serre-la-louche.

Fougueux, bouillant, impatient et impulsif, Jacques Chirac se verra aussi affubler d'un surnom moins amical que le Bulldozer. Entre 1974 et 1976, lorsqu'il occupe la fonction de Premier ministre de Valéry Giscard d'Estaing, le président de la République le surnomme volontiers en privé l'Agité. Sobriquet que Chirac va retrouver dix ans plus tard dans la bouche de ses opposants socialistes lorsqu'il devient le Premier ministre de la cohabitation (1986-1988), sous la présidence de François Mitterrand.

Par ailleurs, on ne peut bien évidemment pas passer sous silence le surnom de Château-Chirac inventé par l'hebdomadaire satirique *Le Canard Enchaîné* lorsqu'il révèle, en 1972, que Jacques Chirac a acheté trois ans plus tôt le château de Bity. Rien d'extraordinaire si la « ruine » en question n'avait pas été classée monument historique dès juin 1969 (trois mois après l'achat).

Conséquence, Château-Chirac peut déduire de ses impôts les frais de restauration de la bâtisse. Une histoire qui avait eu le don d'irriter Georges Pompidou.

Le Bulldozer, l'Agité et le Serre-la-louche va montrer son formidable talent de bateleur lors du premier tour de la campagne des élections présidentielles de 1995. Largement distancé dans les sondages par Édouard Balladur, Jacques Chirac balaie finalement son ami de trente ans en développant astucieusement le thème de la lutte contre la fracture sociale. Puis Jacques Chirac l'emporte face à Lionel Jospin et, sept ans plus tard, se retrouve au second tour devant Jean-Marie Le Pen. Entre-temps, la fracture sociale n'a pas été réduite et, peu de temps avant la campagne de 2002, Jacques Chirac devient Super-Menteur dans l'émission de Canal Plus, *Les Guignols*. Certes les promesses de 1995 n'ont pas été tenues. Mais surtout Jacques Chirac esquivait toute question ou niait toute implication dans des affaires politico-judiciaires liées à son mandat de maire de Paris. Toutes ces péripéties avaient manifestement inspiré les auteurs de l'émission satirique. Super-Menteur apparaît alors sous les traits d'une marionnette masquée et habillée en Superman, capable de régler toutes les situations et de répondre à toutes les questions. Pendant ce temps, Lionel Jospin se voit déjà au palais de l'Élysée. Quelques semaines plus tard *Les Guignols* vont le promouvoir dresseur de crevettes à l'île de Ré !

Georges Clemenceau

(1841-1929)

~

Le Tombeur de ministères, le Tigre, le Père la Victoire

La personnalité de Georges Clemenceau ne laissait personne indifférent. Médecin, il s'engage en politique en 1870, à la chute du Second Empire, un an après son retour des États-Unis alors secoués par la guerre de Sécession. Outre-Atlantique, Georges Clemenceau avait enseigné le français et l'équitation pendant quatre ans. Élu député radical dès 1871, il siège ensuite à l'extrême gauche de l'Assemblée.

Georges Clemenceau s'oppose d'abord à la politique de Mac-Mahon (alors président de la République), mais il contribue surtout à la chute des ministères de Léon Gambetta (1881-1882) et de Jules Ferry (1883-1885). D'où, précisément, sa réputation (qui se mue rapidement en surnom flatteur) de Tombeur de ministères.

Orateur virulent, voire teigneux, patriote convaincu, anticlérical déterminé et habile tacticien politique, Georges Clemenceau considère la colonisation comme un véritable fardeau. Aussi exprime-t-il violemment ses idées républicaines et anticoloniales dans *La Justice*, journal qu'il fonde en 1880 et dont il sera le talentueux rédacteur en chef pendant vingt ans. Durant ces années-là, sa verve souvent cynique, son attitude toujours caustique, mais aussi la férocité de sa plume dévastatrice, lui vaudront de gagner cette fois ses galons de Tigre.

Député du Var en 1885, le Tigre soutient la nomination de Boulanger au poste de ministre de la Guerre, l'année suivante. Mais il comprend assez vite sa bévue en déplorant l'inquiétante dérive dictatoriale du général qui fédère autour de lui un improbable échantillon de fervents revanchards (bonapartistes, nationalistes et monarchistes). Boulanger est écarté en avril 1887. Compromis dans le scandale de Panama, le Tigre doit à son tour quitter la scène politique. Mais il revient dans le débat public à la faveur de l'affaire Dreyfus en prenant vigoureusement fait et cause pour ce capitaine injustement bafoué.

Ministre de l'Intérieur (mars 1906), puis président du Conseil (octobre 1906-1909), Georges Clemenceau affiche fièrement ses soixante-seize ans lorsque le président de la République, Raymond Poincaré, l'appelle de nouveau à la présidence du Conseil (16 novembre 1917). Le Tigre déclare alors sans ambages : « Je n'ai pas cherché le pouvoir, je ne vous ferai pas de promesses, je ferai la guerre. Voilà tout ! » (Voir *Les tribuns de l'Histoire*, Albin Michel, 2010). Clemenceau sait alors restaurer la confiance au sein de l'armée et dans la population. Winston Churchill exprime d'ailleurs avec une étonnante pertinence l'attitude du bonhomme dans son livre *Les Grands contemporains* (1939) : « Il ressemblait à un fauve rôdant derrière les grilles de la cage, grondant et rugissant. [...] Grognant et grondant, le fauve indomptable, bien que vieilli, allait entrer en action. » Ainsi, Clemenceau lutte d'arrache-pied contre le défaitisme ambiant et il parvient à imposer le maréchal Foch aux Alliés de la France pour le commandement unique des forces armées (mars 1918). Les Allemands se replient en septembre derrière la Ligne Siegfried (voir à *Ligne Siegfried*). L'Armistice est signé le 11 novembre. Après la victoire, Clemenceau préside la conférence de Paris, puis négocie le traité de Versailles l'année suivante. Un troisième surnom lui colle désormais à la peau : le Père la Victoire.

Tout auréolé de ce titre envié et d'une exceptionnelle popularité dans l'opinion, Georges Clemenceau tente sa chance. À la fois Tombeur de ministères, Tigre et Père la Victoire, il se décide à poser sa candidature en janvier 1920 à la succession de Raymond Poincaré qui a décidé de ne pas se représenter. Mais le jeu subtil des partis et l'hostilité de la classe politique (à droite comme à gauche) portent l'inconsistant Paul Deschanel à la présidence de la République. Élu triomphalement le 17 janvier 1920, Deschanel doit démissionner le 21 septembre de la même année. Entre-temps, le président de la République était tombé d'un wagon-lit au retour d'une inauguration à Montbrison (on l'avait retrouvé indemne chez un garde-barrière). Un autre jour, il avait pris un bain dans le plus simple appareil dans l'une des pièces d'eau du château de Rambouillet.

~

Clovis
(465-511)

~

Le Fils aîné de l'Église

Considéré comme le véritable fondateur de la dynastie mérovingienne et souvent présenté comme le bâtisseur de la nation française, Clovis reste un personnage assez mal connu. Les principaux éléments concernant son règne et susceptibles de nous éclairer apparaissent un siècle après sa mort dans l'*Histoire des Francs* sous la plume de l'évêque et historien Grégoire de Tours (538-594).

Clovis succède à son père, Childéric Ier, roi de Tournai, vers 481. Ce dernier avait lui-même succédé à son père, Mérovée, en 457. Fils présumé de Clodion le Chevelu (un chef franc qui domine alors le nord de la Gaule autour des actuelles villes d'Arras et de Cambrai), Mérovée donne son nom à la lignée des Mérovingiens. Il avait accompagné le général romain Aetius à la fameuse bataille des champs Catalauniques (451). Alliés aux Romains, Wisigoths, Burgondes, Alains et Francs repoussent alors les terribles assauts des redoutables Huns d'Attila (395-453), surnommé le Fléau de Dieu (voir à *Attila*).

Le petit-fils de Mérovée se donne un objectif précis : agrandir son territoire et asseoir son autorité sur l'ensemble des Francs Saliens, une tribu germanique dotée de son propre code administratif, la loi salique (cette loi prévoit notamment que les filles ne peuvent hériter de la terre des ancêtres, ce qui en revient implicitement à imposer le principe d'une succession masculine sur le trône royal).

D'abord installés au nord des actuels Pays-Bas deux siècles auparavant, les Francs Saliens se déploient alors sur le territoire de la Belgique d'aujourd'hui. Solide guerrier et fin stratège doté d'un incontestable sens politique, Clovis s'attaque au général gallo-romain Syagrius et remporte l'emblématique et décisive victoire de Soissons (486), ville qui devient sa capitale. Puis, en 496, il contient les redoutables Alamans à Tolbiac (aujourd'hui Zülpich, au sud de Cologne). Ensuite, Clovis repousse les Burgondes près de Dijon (500) et, surtout, il triomphe des Wisigoths en 507 à Vouillé (nord-ouest de Poitiers). Toulouse et l'Aquitaine tombent alors aux mains de Clovis, tandis que les Wisigoths sont refoulés vers l'Espagne.

Évidemment, tous ces succès consolident le pouvoir de Clovis qui décide d'installer la capitale de son royaume franc à Paris. Le chef de tribu règne alors sur la quasi-totalité de la Gaule, du Rhin aux Pyrénées (à l'exception de la Bourgogne et de la Provence). De surcroît, Clovis s'appuie avec intelligence sur l'aristocratie et, surtout, sur l'Église. Habile diplomate, il adopte la religion de la majorité de ses sujets et il se fait solennellement baptiser à Reims avec trois mille de ses fidèles guerriers par l'évêque (futur saint) Remi (probablement le 25 décembre 498). Cette conversion renforce de façon considérable son autorité, car Clovis dispose désormais des relais essentiels au sein de la robuste hiérarchie catholique. Statut qui lui donne un rôle de premier plan en Europe. Car la plupart des autres chefs « barbares » continuent de soutenir l'arianisme (doctrine niant la divinité du Christ et sévèrement condamnée dès le concile de Nicée, en 325).

En fait, il faut attendre la fin du XIXe siècle pour que le mythe de Clovis apparaisse concrètement dans l'histoire nationale. Et même si certains républicains tentent un moment de lui opposer Vercingétorix (le fier Gaulois qui résiste à l'oppression de l'occupant romain), Clovis impose son image de rassembleur de la nation et de chef incontestable qui sut ébaucher les premières structures d'un véritable État. La hiérarchie catholique s'empare aussitôt de cette icône, symbole de la fondation d'une dynastie royale sacrée qui enfante la nation chrétienne. Ainsi, en 1896, le cardinal Langénieux (archevêque de Reims) n'hésite pas à évoquer la fille aînée de l'Église en parlant de la France. Dès lors, Clovis devient pour sa part le Fils aîné de l'Église.

Parvenu au sommet de sa gloire, Clovis avait construit un royaume cohérent. Les populations gallo-romaine et franque se mêlaient, unies par une même religion. Fondateur de l'abbaye de Sainte-Geneviève, Clovis meurt à Paris, l'année même où il avait réuni à Orléans un concile destiné à réorganiser l'Église des Gaules. Mais, dans la tradition des chefs francs, la notion d'État mise en place par les Romains disparaît. Autrement dit, le domaine de la famille royale devient la propriété personnelle du souverain et le royaume se confond avec le patrimoine personnel du souverain. Ainsi, au moment de la disparition du chef de clan, le domaine doit donc se partager entre les héritiers mâles. Une règle qui conduit à l'éclatement du territoire précédemment unifié. À la mort de Clovis Ier (511), le royaume franc se divise entre ses quatre fils : Thierry, Clodomir, Childebert et Clotaire, qui deviennent respectivement rois de Reims, d'Orléans, de Paris et de Soissons.

~

Émile Combes
(1835-1921)

~

Le Petit Père Combes

Son diplôme de médecin en poche, Émile Combes s'installe en 1868 à Pons (Charente-Maritime), petite ville dont il devient le maire en 1876 (fonction qu'il va occuper jusqu'en 1919). Élu sénateur en 1885, il devient l'un des leaders du radicalisme, fonde le groupe de la « gauche démocratique », rejoint les rangs de la franc-maçonnerie et s'engage dans un virulent militantisme anticlérical. En effet, Émile Combes a décidé de jeter aux orties ce qu'il avait précédemment adoré. Car le jeune homme, qui se destinait à une carrière religieuse, avait d'abord suivi de brillantes études de théologie et avait même rédigé une thèse consacrée à saint Thomas d'Aquin en 1860.

En mai 1902, devenu un intraitable « bouffeur de curés », Émile Combes succède à Waldeck-Rousseau à la présidence du Conseil. Et, comme il avait renoncé aux ordres qui auraient pu le faire appeler « mon père », l'opinion publique l'affuble du sobriquet quelque peu péjoratif de Petit Père ! Un Petit Père

Combes qui rêve d'asseoir l'encadrement républicain et laïc du pays et qui sera l'un des instigateurs de la loi de décembre 1905 sur la séparation de l'Église et de l'État.

Mais le scandale des fiches survient en octobre 1904. Il s'agit d'un système « occulte » de renseignements qui vise à ficher les opinions religieuses et politiques des officiers supérieurs de l'armée française. Objectif : favoriser l'avancement des Républicains aux dépens des officiers réactionnaires. Cette affaire des fiches discrédite complètement le gouvernement du Petit Père Combes qui doit démissionner le 19 janvier 1905. Il restera sénateur jusqu'en 1921.

~

René Coty

(1882-1962)

~

Le Gai aux fleurs

Élu le 23 décembre 1953 par le Congrès à la présidence de la République au treizième tour de scrutin, René Coty succède à Vincent Auriol (1884-1966). Originaire du Havre, avocat de formation, député (1923-1935) puis sénateur (1935-1940) de Seine-Inférieure (aujourd'hui la Seine-Maritime), René Coty est alors parfaitement inconnu d'une très large frange de la population. Mais son large sourire, sa franche simplicité, voire une certaine bonhomie gagnent aussitôt le cœur des Français. D'autant que son épouse n'hésite pas à afficher avec naturel devant les photographes des manières de femme au foyer préoccupée par les réalités de la vie quotidienne. N'avait-elle pas benoîtement déclaré lors de l'élection de son mari : « Et dire que je viens de rentrer mon charbon pour l'hiver ! » Mais, en apprenant que le couple habite un assez modeste appartement de quatre pièces dans la capitale, très précisément sur le quai aux Fleurs, dans l'île de la Cité, un caricaturiste ne peut s'empêcher un raccourci saisissant. En conjuguant la bonne humeur du président et son adresse parisienne, René Coty devient le Gai aux Fleurs.

Fort de sa popularité, René Coty tentera de limiter l'instabilité du régime et il se posera en gardien scrupuleux de la Constitution. Cependant, son mandat sera troublé par la fin de la guerre d'Indochine et par le durcissement de la crise algérienne qui va mener le général de Gaulle au pouvoir. Adversaire résolu du « régime des partis » qu'il avait vu poindre avec la Constitution de la IVe République, de Gaulle est appelé par René Coty à la présidence du Conseil le 29 mai 1958. Tout va ensuite très vite : 79,25 % des Français approuvent par référendum la Constitution de la Ve République (28 septembre 1958) ; dans la foulée, de Gaulle est élu président de la République par un collège de quatre-vingt mille grands électeurs le 21 décembre 1958. Le Gai aux Fleurs abandonne ses fonctions le 8 janvier 1959.

~

D

Michel Debré
(1912-1996)

~

L'Amer Michel

Le 18 mars 1962, le gouvernement français et le Gouvernement provisoire de la République algérienne (GPRA) mettent fin à la guerre d'Algérie en signant les accords d'Évian. Après huit ans de combats, le cessez-le-feu entre en vigueur dès le lendemain. L'Algérie devient donc un État souverain et indépendant au terme de délicates négociations, parfois secrètes et souvent interrompues, qui ont duré près d'un an. Mais, dans les rangs des fervents partisans de l'Algérie française, d'aucuns ruminent encore les mots que prononce François Mitterrand, alors ministre de l'Intérieur, en novembre 1954 : « L'Algérie, c'est la France. » En 1962, Michel Debré conserve lui aussi un indéfectible et profond attachement pour cet engagement aux côtés de ceux qui soutiennent une politique résolument tournée vers l'Algérie française. Une position totalement incompatible avec sa fonction de Premier ministre du général de Gaulle que Michel Debré a largement soutenu lors de son retour au pouvoir, en mai 1958. Écartelé entre son indéfectible fidélité au général et ses profondes convictions, Michel Debré doit accepter les accords d'Évian. Mais Georges Pompidou (1911-1974) le remplace dès le mois d'avril 1962.

Évidemment, celui qui a tant pourfendu les incohérences de la IVe République et qui, surtout, fut le principal rédacteur de la Constitution de la Ve République pendant l'été 1958, éprouve beaucoup de difficultés à cacher sa déception. Contrarié, voire trahi, et probablement vexé d'avoir été mis devant le fait accompli, Michel Debré avale son chapeau. Et, dans les mois qui suivent, il se dit amer. Il n'en fallait pas davantage pour que *Le Canard Enchaîné,* toujours à l'affût d'un bon mot, l'appelle l'Amer Michel.

Docteur en droit, Michel Debré devient auditeur au Conseil d'État en 1935. Attaché de cabinet de Paul Reynaud en 1938, il prend une part active à la Résistance. Commissaire de la République en 1944, puis chargé de la réforme administrative à la Libération, il sera l'un des cofondateurs de l'École nationale d'administration (ENA) en 1945. L'Amer Michel sera également maire d'Amboise entre 1966 et 1989.

~

Gaston Defferre

(1910-1986)

~

L'Homme au masque Defferre

Avocat de formation, engagé dès 1933 au sein de la SFIO (Section française de l'internationale ouvrière), membre du réseau de Résistance Brutus pendant la guerre, Gaston Defferre sera l'une des grandes figures du socialisme français après la Libération. Fondateur du quotidien *Le Provençal,* maire de Marseille et député des Bouches-du-Rhône de 1953 à sa mort, Gaston Defferre occupera de multiples postes de ministre. Et, en 1971, il apportera son soutien à François Mitterrand lorsque celui-ci fonde le nouveau parti socialiste.

Fort de son charisme naturel, de son assise régionale et de son expérience politique et ministérielle, Gaston Defferre aiguise ses armes. En 1965, pour la première élection présidentielle au suffrage universel direct, le général de Gaulle fait semblant d'hésiter un instant. Mais personne ne doute réellement de sa candidature. Cependant, poussé par le magazine hebdomadaire *L'Express* associé au Club de réflexion Jean Moulin, la candidature, assez adroitement orchestrée, d'un certain « Monsieur X » fait irruption dans les médias. Objectif : positionner un candidat susceptible de rassembler une large fédération de centre gauche englobant les radicaux, la SFIO et le Mouvement républicain populaire (MRP). Pendant plusieurs semaines, le doute plane sur l'identité de celui qui serait appelé à endosser le costume de ce « Monsieur X ». Mais l'opération de marketing politique (probablement la toute première) tourne court. Le mystère se dégonfle et l'inconnu doit dévoiler son visage. Sous la pression des journaux (et concurrents de *L'Express*), l'éventuel candidat apparaît au grand jour. Il devient aussitôt : l'Homme au masque Defferre. Il renoncera à se présenter.

Finalement, lors de cette élection présidentielle de 1965, et contre toute attente, le général de Gaulle est mis en ballottage au premier tour de scrutin par François Mitterrand (1916-1996), alors président de la Convention des institutions républicaines et soutenu par le parti communiste. Mais de Gaulle est réélu, au second tour, avec 55 % des suffrages exprimés. Candidat en 1969, pour le Parti socialiste (PS) et malgré le soutien de Pierre Mendès France, Defferre recueille 5 % des voix. Un score qui sonne le glas de ses ambitions présidentielles. Après la victoire socialiste de 1981, Defferre devient ministre d'État, de l'Intérieur et de la Décentralisation dans les trois gouvernements Mauroy.

~

E

Dwight Eisenhower

(1890-1969)

~

Ike

Diplômé de la célèbre Académie militaire de West Point, le général Dwight Eisenhower bénéficiait d'une exceptionnelle notoriété auprès du peuple américain. Aussi remporta-t-il une facile et très confortable victoire aux élections présidentielles de 1952 face à son rival démocrate, Adlai Stevenson. Et même s'il fut confronté dès la deuxième année de son mandat à une majorité démocrate au Congrès, Dwight Eisenhower sera réélu en 1956. Celui que tous les Américains appelaient désormais Ike avait acquis cette popularité, et ce surnom, auprès de ses soldats. Car si Ike, issu d'une modeste famille de fermiers du Texas, possédait un incontestable charisme, il savait aussi rester près de ses troupes. Commandant en chef du débarquement en Afrique du Nord, puis nommé à la tête des forces alliées en Europe en 1943, il dirigea avec succès les débarquements en Italie (1943) et en Normandie. Après le 6 juin 1944 et la réussite de l'opération *Overlord* (nom de code donné au débarquement de 176 000 soldats alliés sur les côtes normandes), Dwight Eisenhower acquit un véritable statut de héros. Le 9 mai 1945, il obtient la capitulation allemande à Berlin.

Le 34e président des États-Unis d'Amérique (1953-1961) mena une politique étrangère active et mit fin à la guerre de Corée en 1953. Il fut aussi l'artisan d'une politique de relations directes avec l'Union soviétique. Action qui se concrétise par la visite de Khrouchtchev aux États-Unis (1959). Ike s'illustra également dans la lutte contre la ségrégation raciale dans l'armée et à l'école. Candidat républicain à l'élection présidentielle de 1960, son vice-président, Richard Nixon, sera battu par John Kennedy.

En janvier 1961, John Fitzgerald Kennedy prête serment. Et, à l'issue de ses deux mandats présidentiels, Ike se retire définitivement de la vie politique. Non sans avoir prononcé un retentissant discours d'adieu au peuple américain. Sous la plume de ce général aguerri (dans toute l'acception du terme), un passage oublié de son propos conserve une portée visionnaire : « Quand on est au gouvernement, on doit se garder d'accorder une influence trop importante, délibérément ou non, au complexe militaro-industriel. Le risque d'un accroissement dangereux de son pouvoir existe et existera demain. Nous ne devons jamais laisser cette menace mettre en danger nos libertés et notre démocratie. »

~

Élisabeth Ire d'Angleterre
(1533-1603)

~

La Reine vierge

Henri VIII d'Angleterre (1491-1547) et Catherine d'Aragon (1485-1536) donnent naissance à une petite Marie en 1516. Mais, en janvier 1533, le souverain répudie son épouse. Il veut se marier avec la jeune et jolie Anne Boleyn. L'archevêque de Canterbury va donc fort opportunément proclamer l'annulation du mariage entre Henri VIII et Catherine d'Aragon en mai 1533. Ainsi, Anne Boleyn, ancienne dame de compagnie de la reine, est couronnée lors d'une fastueuse cérémonie le 1er juin 1533. De cette union va naître Élisabeth, en septembre 1533.

La nouvelle souveraine n'hésite pas à chasser Marie de la cour. La jeune femme doit même reconnaître l'illégitimité de sa naissance alors que le pape refuse pourtant de suivre son archevêque et qu'il confirme la validité du premier mariage d'Henri VIII. Du coup, le roi se sépare de l'Église catholique.

Mais le destin de la belle Anne Boleyn s'assombrit soudainement. En avril 1536, sans trop comprendre ce qui lui arrive, la nouvelle reine se retrouve accusée d'adultère, d'inceste et de haute trahison. Après une procédure des plus sommaires, elle est décapitée en mai 1536 à la tour de Londres. Henri VIII fait annuler son deuxième mariage. Onze jours plus tard, il convole avec Jeanne Seymour qui va enfin donner un héritier mâle à la couronne. Mais le futur Édouard VI (1537-1553) ne règne que six ans et Marie accède donc au trône en 1553 sous le nom de Marie Ire Tudor, la célèbre *Bloody Mary*, Marie la Sanglante (voir à *Marie Ire Tudor*).

Marie fait régner la terreur. Elle impose le catholicisme, persécute les protestants et jette même en prison sa propre demi-sœur, Élisabeth (la fille d'Anne Boleyn). Quand Marie meurt en 1558, l'Angleterre accueille avec soulagement l'accession sur le trône d'Élisabeth Ire qui sera la dernière représentante de la dynastie des Tudors.

Outre l'anglais, Élisabeth parle avec aisance le français, l'italien et l'allemand, et elle maîtrise le grec et le latin. Intelligente, déterminée mais tolérante, elle règle les tensions religieuses entre protestants et catholiques par une politique de compromis : le célèbre *Elizabethan Settlement* (Règlement élisabéthain). Toutefois, en 1568, pour mettre fin à l'agitation catholique, Élisabeth fait emprisonner sa cousine catholique réfugiée en Angleterre, la reine Marie Stuart d'Écosse. La tolérance de la souveraine anglicane s'infléchit après son excommunication par le pape Pie V en 1570 et Marie est décapitée en février 1587.

Entourée de quelques conseillers (William Cecil, Francis Walsingham, Lord Burghley), Élisabeth Ire gouverne en monarque absolu. De surcroît, sa méfiance envers la noblesse la conduit à réunir de moins en moins le Parlement. Mais une autre question hante l'opinion. En effet, Élisabeth refuse tout mariage et se pose évidemment le délicat problème de la future succession. La souveraine repousse les avances de nombreux candidats : le roi Philippe II d'Espagne, Ivan le Terrible (voir à *Ivan IV*), le duc d'Anjou (Henri III), le duc d'Alençon, le prince héritier Éric de Suède, l'archiduc Charles de Habsbourg, etc. Une attitude qui lui vaut de son vivant le surnom un peu usurpé de Reine vierge. Certes, Élisabeth Ire ne convola jamais en justes noces et n'eut jamais d'enfant, mais elle entretint de multiples liaisons dans le secret des alcôves. Et l'activité amoureuse de ladite Reine vierge ne laisse à l'évidence aucun doute sur la totale inadéquation du second terme composant son sobriquet ! Le comte de Leicester, Robert Dudley, l'amiral Thomas Seymour ou Robert d'Essex auraient pu en témoigner.

À la mort d'Élisabeth, la couronne revient au roi Jacques VI d'Écosse, fils unique de Marie Stuart et de Lord Darnley. Il règne sur l'Angleterre jusqu'en 1625 sous le nom de Jacques Ier Stuart.

~

F

~

Jules Ferry
(1832-1893)

~

Ferry-la-famine, Ferry-Tonkin

Avocat, Jules Ferry aborde la politique par le biais de virulentes chroniques dans le journal *Le Temps* et par l'écriture de brochures pamphlétaires à succès qui dénoncent la politique de l'État napoléonien. Grâce à ces textes, Jules Ferry devient le chef de file de l'opposition républicaine au Second Empire. Élu député en 1869, Ferry devient membre du Gouvernement de la Défense nationale, préfet de la Seine, puis maire de Paris.

Entre le 4 septembre 1870 et le 13 février 1871, ce gouvernement républicain provisoire de la France regroupe des représentants de toutes les tendances républicaines : le général Trochu (gouverneur militaire de Paris), Léon Gambetta, Jules Favre, Jules Simon, Jules Ferry, Henri Rochefort et Emmanuel Arago. Certes, dès que fut connu le désastre de la bataille de Sedan (1er septembre 1870), la république avait été proclamée du haut du balcon de l'Hôtel de Ville de Paris par Léon Gambetta (4 septembre 1870) qui prône la guerre à outrance, mais les Prussiens mettent le siège devant la capitale.

Dans le cadre de ses fonctions, Jules Ferry doit alors assurer le maintien de l'ordre et le ravitaillement des Parisiens. Une mission délicate qui débouche sur d'inévitables opérations de rationnement des denrées de première nécessité. Face à une telle situation, la population gronde et l'impopularité de Jules Ferry grandit chaque jour davantage. Et tout le monde ne parle plus que de Ferry-la-famine. Finalement, après quatre mois de siège, Paris capitule le 28 janvier 1871 et la France perd l'Alsace et une partie des départements lorrains (traité de Francfort, 10 mai 1871).

Jules Grévy (1807-1891), alors président de la nouvelle Assemblée nationale réunie à Bordeaux, propose qu'Adolphe Thiers soit élu « chef du pouvoir exécutif » (il deviendra président de la République en août 1871). Après la démission de Thiers le 24 mai 1873, le maréchal de Mac-Mahon est porté à la présidence de la République par la coalition monarchiste de l'Assemblée nationale. Héros de la guerre de Crimée (1855), organisateur de la répression contre la Commune de Paris (mars-mai 1871) et fervent défenseur de l'ordre moral, le maréchal de Mac-Mahon s'attire les foudres de la Gauche républicaine, menée par Jules Ferry.

Initié franc-maçon en 1875, Ferry incarne la famille des républicains conservateurs qui militent pour un État laïque. Ministre de l'Instruction publique puis président du Conseil (en 1881 et de 1883 à 1885) Ferry-la-famine prépare des lois qui auront une influence fondamentale sur la vie politique et les institutions françaises : liberté de réunion (juin 1881), liberté de la presse (29 juillet 1881), liberté syndicale (mars 1884), réforme de l'organisation municipale (avril 1884), loi sur le divorce (1884). Sans oublier bien sûr la mise en place d'une école primaire « gratuite, obligatoire et laïque », instituée par les lois de 1881-1882. Une conception qu'il imposera à ses détracteurs en démontrant que cette trilogie servirait de levier à la promotion sociale et à l'enracinement de l'esprit républicain.

Dans ses fonctions de ministre des Colonies (1883-1885), l'action de Jules Ferry est, pour le moins, beaucoup plus controversée. Car Ferry reste convaincu que la France a une mission civilisatrice outre-mer. Aussi l'extrême gauche lui reproche-t-elle son impérialisme notoire, notamment lorsqu'il ne craint pas de déclarer : « Les colonies sont, pour les pays riches, un placement de capitaux des plus avantageux. » Jules Ferry se lance alors dans une politique coûteuse qui le rend fort impopulaire. Il établit le protectorat sur la Tunisie en 1881, puis sur l'Annam en 1883, et entreprend la conquête du Congo, du Niger, de Madagascar et du Tonkin. Mais, le 28 mars 1885, lorsque Paris apprend que les Français doivent évacuer la place forte de Lang Son (alors que la Chine avait pourtant reconnu le protectorat de la France sur l'Annam et le Tonkin), Jules Ferry doit démissionner. Et ce cuisant échec lui vaut alors le surnom de Ferry-Tonkin.

Après une nouvelle traversée du désert, Ferry devient président du Sénat en 1893.

~

Francisco Franco
(1892-1975)

~

Le Caudillo

Le Front populaire (*Frente popular*) représente une large coalition des partis de la gauche espagnole qui remporte les élections législatives de février 1936. Mais un climat de terrorisme s'installe avec la recrudescence des affrontements entre l'extrême droite et l'extrême gauche. De surcroît, occupations de terres et d'usines, grèves, violences anticléricales et assassinats politiques de tous bords attisent la peur et entretiennent une anarchie croissante que le gouvernement républicain ne parvient pas à endiguer. Le 13 juillet 1936, survient alors l'accident qui met le feu aux poudres : un monarchiste est assassiné par les forces de sécurité républicaines. En réponse, le soulèvement militaire des 17 et 18 juillet marque le début de la guerre civile d'Espagne (1936-1939) qui va donc opposer le gouvernement républicain du Front populaire à une insurrection militaire nationaliste dirigée par le général Franco.

Commandant en second de la Légion étrangère en 1920, général de brigade en 1926 à trente-quatre ans, général de division en 1934, commandant en chef des forces armées au Maroc, puis, chef d'état-major général de l'armée en 1935, Francisco Franco gagne le Maroc dès le 18 juillet 1936, au lendemain du déclenchement du soulèvement nationaliste. Ayant convaincu Mussolini et Hitler de l'aider à organiser un pont aérien à grande échelle vers l'Espagne, Franco apparaît dès lors comme le Caudillo (le chef). Il débarque avec l'armée d'Afrique dans le sud de la péninsule, puis dirige une marche victorieuse jusqu'à Madrid avec pour cri de guerre le tristement célèbre *Viva la muerte !* Le Caudillo devient le chef du gouvernement nationaliste et s'octroie le titre de chef de l'État.

Durant l'hiver 1936-1937, confronté à la résistance républicaine de Madrid, Franco tente en vain d'encercler la capitale. Mais, six mois plus tard, le Caudillo conquiert le nord industriel. Fin 1938, il écrase l'armée républicaine de l'Èbre. Barcelone tombe en janvier 1939, Madrid le 28 mars. Le 1er avril, Franco proclame la fin de la guerre.

Activement soutenu dans son action par l'Église, mais aussi par les oligarchies financières et foncières, le Caudillo consolide rapidement son régime dictatorial. Six mois après la fin d'une guerre qui a fait 900 000 morts (civils et militaires confondus), une chape de plomb s'abat sur l'Espagne. Et, tandis que 400 000 républicains traumatisés gagnent le chemin de l'exil, le Caudillo assoit un pouvoir sans partage. S'ouvre alors la terrible période de la dictature franquiste qui s'achève avec la mort de Franco (20 novembre 1975). La transition vers la démocratie s'ouvre deux jours plus tard, lorsque le roi Juan Carlos Ier prête serment.

~

FRANÇOIS D'ASSISE
(1182-1226)

~

Le Poverello

Né à Assise (ouest de Pérouse, centre de l'Italie) dans une riche famille de commerçants, Giovanni Francesco Bernardone voyage d'abord avec insouciance dans le monde entier. De retour dans sa ville natale en 1205, il pratique la charité parmi les lépreux et restaure les églises délabrées. Rejeté par son père qui ne supporte pas de le voir ainsi dilapider sa fortune pour faire la charité, François consacre dès lors sa vie à tous les proscrits de l'ordre social. En 1208, la légende veut qu'il entende une voix lui intimer d'aller vivre dans la pauvreté et tout entier au service de Dieu. François d'Assise fonde donc l'ordre des Franciscains en vue de prêcher l'Évangile par la pauvreté. Initiative approuvée l'année suivante par le pape Innocent III. Dès lors, François s'entoure de douze disciples qui deviennent les frères originels de son ordre. En 1212, il accepte, parmi ses membres, une jeune religieuse, Claire d'Assise. Il fonde avec elle l'ordre des Pauvres Dames (ou Clarisses), deuxième ordre des Franciscains.

François d'Assise prêche un peu partout la bonne parole, notamment en Espagne, en Égypte et en Palestine. De retour à Assise vers 1222-1224, il y passe les dernières années de sa vie. Canonisé deux ans après sa mort, il fut proclamé saint patron des écologistes par Jean-Paul II en 1980.

François d'Assise voyait dans la pauvreté volontaire une démarche de foi. Solidaire et proche des pauvres, il voulait suivre la démarche du Christ et préconisait la pauvreté comme une condition fondamentale de la fraternité. Mais certains ont aussi vu dans cette attitude une sorte de volonté révolutionnaire, celle d'un homme qui veut bouleverser l'ordre social de son temps, rejeter la condition bourgeoise de sa propre famille et prendre ses distances par rapport aux fastes de l'Église. Quoi qu'il en soit, François d'Assise insiste pour que ses frères franciscains adoptent un dépouillement total, pour qu'ils ne « s'approprient rien, ni maison, ni lieu, ni aucune autre chose ». Il récuse l'usage de l'argent et exige un habillement rudimentaire. Il refuse de détenir des biens par crainte de devoir posséder des armes pour les défendre. Mais François invite aussi ses frères à pratiquer une pauvreté spirituelle qui mène à l'abandon de sa propre volonté pour s'en remettre à la seule volonté de Dieu.

Il incarne le Poverello... dans toute sa splendeur et devient le symbole de la pauvreté absolue. Ainsi écrit-il : « Celui qui garde pour lui un talent confié ressemble à cet homme qui cache au fond de lui-même l'argent de son maître, et ce qu'il croit avoir lui sera enlevé. » Pour François d'Assise, pauvreté et humilité sont en étroite relation. On ne peut envier l'une sans pratiquer l'autre. Et ce passage par le partage et le total dépouillement mène, selon François d'Assise, à vivre de façon radicale la pratique de l'Évangile.

~

G

Jean Gabin
(1904-1976)

~

Gueule d'Amour

Partenaire de Mistinguett au Moulin-Rouge en 1928, Jean Gabin apparaît pour la première fois à l'écran deux ans plus tard dans un film intitulé *Chacun sa chance*. Une quarantaine d'années plus tard, et près d'une centaine de films au compteur, Jean Gabin reste l'un des acteurs les plus connus et les plus estimés de l'histoire du cinéma français. Aujourd'hui encore, on se souvient par exemple de ses rôles dans *Quai des brumes*, *Le jour se lève*, *L'affaire Dominici*, *Le Pacha*, *Le cave se rebiffe*, *Touchez pas au grisbi* ou *Le Clan des Siciliens*. Jean Gabin aura tourné avec les plus grands metteurs en scène : Marc Allégret, Julien Duvivier, Jean Renoir, Marcel Carné, René Clément, Henri Decoin, Jean Delannoy, Gilles Grangier, Jacques Becker, Claude Autant-Lara, Georges Lautner, André Cayatte, etc.

Ayant à peu près joué tous les rôles possibles au cours de sa carrière, Jean Gabin avait incarné un séduisant personnage au destin tragique dans un film de

Jean Grémillon intitulé *Gueule d'Amour* (1937). Le titre du film devint un surnom qui lui resta collé à la peau, notamment dans la première partie de sa carrière. Car, à partir des années 1950, Gabin joua plutôt des rôles de patriarche.

~

Greta Garbo
(1905-1990)

~

La Divine

Lovisa Gustafsson naquit à Stockholm dans une famille de paysans qui venaient de quitter la campagne pour s'installer dans un quartier populaire de la capitale suédoise. Greta quitte l'école à l'âge de treize ans. Son père meurt deux ans plus tard et Greta doit alors trouver un travail. Elle devient shampouineuse dans un salon de coiffure, puis vendeuse de chapeaux dans un grand magasin de Stockholm. Et son destin se décide un peu par hasard. En effet, son employeur lui demande de jouer les modèles bénévoles pour figurer dans un catalogue de la maison. Puis elle apparaît ensuite dans des films promotionnels produits par ce même magasin.

Ces modestes publicités permettent à Lovisa Gustafson de rencontrer Erik Petschler. En juillet 1922, ce metteur en scène lui offre alors un rôle dans *Luffar Petter (Peter le Vagabond).* Puis Erik l'encourage à se présenter à l'Académie Royale d'Art Dramatique de Stockholm où elle reste quinze mois. Mais le tournant décisif survient au printemps 1923, lorsque Mauritz Stiller, l'un des plus grands réalisateurs suédois de l'époque, l'engage pour jouer le rôle de la comtesse italienne Elizabeth Dohna dans le film *la Légende de Gösta Berling (Gösta Berlings Saga,* 1924). Dès novembre 1923, Stiller avait fait opter Lovisa Gustafson pour le pseudonyme de Greta Garbo.

De passage en Europe à l'automne 1924, Louis Mayer, vice-président de la MGM (Metro-Goldwyn-Mayer), engage Stiller et Garbo. Certains biographes affirment que Stiller aurait imposé Garbo, contre le souhait de Louis Mayer qui la trouvait grosse et ordinaire. À l'inverse, d'autres affirment que Greta aurait refusé de signer sans la venue de Stiller. Peu importe. Stiller et Garbo débarquent à New York en juillet 1925 et ils gagnent Hollywood en novembre 1925. Garbo entame alors le tournage de son premier film américain, *The Torrent (Le Torrent).* Succès immédiat.

Garbo enchaîne alors *The Temptress (La Tentatrice,* 1926) et, surtout, *Flesh and the Devil (La Chair et le Diable,* 1927). Ce film consacre le talent et la popularité de Greta Garbo qui accède immédiatement au rang de star mondiale. Vient ensuite une interprétation qui arrive à point nommé, *The Divine Woman (La Femme divine,* 1928). Et cette adaptation approximative de la vie de Sarah Bernhardt lui vaut aussitôt un surnom qui ne la quittera plus : la Divine. Car au-delà de ce long-métrage de Victor Sjöström dont ne subsiste plus qu'une seule bobine, le terme semble en parfaite adéquation avec la beauté (divine) de l'actrice et avec, dans sa vie publique, une attitude énigmatique, secrète, voire quelque peu distante, mais sans jamais sombrer dans l'arrogance. Tout se passe un peu comme si les spectateurs voyaient en Garbo une sorte de déesse des salles obscures. Le réalisateur et scénariste italien Federico Fellini (1920-1993) a d'ailleurs dit de la Divine : « Greta Garbo fut la fondatrice d'un ordre religieux appelé cinéma. »

Contrairement à la plupart des grandes vedettes hollywoodiennes du cinéma muet, Greta Garbo va pleinement réussir la transition vers le parlant avec *Anna Christie* (1930), film tiré de la pièce d'Eugene O'Neill. La Divine met fin à sa carrière après *Two-Faced Woman (La Femme aux deux visages,* 1941), de George Cukor.

Bien que plusieurs fois nominée pour les Oscars, Greta Garbo ne reçut jamais la récompense pour l'une de ses prestations. Toutefois, l'*Academy of Motion Picture Art and Science* rattrapera sa bévue en lui attribuant un Oscar d'honneur en 1955.

~

Charles de Gaulle

(1890-1970)

~

Le Colonel motor, Charles sans Terre, le Grand Charles…

Pendant trente ans, le général de Gaulle a dominé la vie politique française. Auréolé du prestige que lui conférait son attitude pendant la Seconde Guerre mondiale, il a ensuite largement contribué à rétablir puis à pérenniser la grandeur de la nation sur la scène internationale. Militaire, théoricien de la guerre, résistant et architecte de la Ve République, Charles de Gaulle a laissé une empreinte incontestable sur l'histoire de son temps. L'exubérance du personnage, son talent d'orateur et d'écrivain, sa hauteur de vues (au sens propre et figuré) lui donnent une place de choix parmi les personnalités du XXe siècle.

Charles de Gaulle mesurait 1,93 mètre. Rien d'étonnant que tout le monde l'appelât très vite le Grand Charles. Certes, le lycéen de Gaulle affichait une silhouette de grand dégingandé qui lui valut d'abord le surnom de grande asperge, mais quand il devient le Grand Charles, il n'y a plus seulement de banale référence à sa taille. En fait, ce surnom exprime la stature du général, dans la double acception du terme : taille et envergure.

Admis à la prestigieuse école militaire de Saint-Cyr en 1908, Charles de Gaulle rejoint le 33e régiment d'infanterie commandé par un certain… colonel Pétain. Devenu maréchal (et vice-président du Conseil supérieur de la guerre), celui-ci appelle le capitaine de Gaulle à son cabinet. Mais les deux hommes se brouillent, car Pétain voulait apposer sa signature sur un ouvrage (une histoire du soldat français) intégralement écrit par de Gaulle. Refus catégorique de celui qui apparaît déjà comme un indomptable au sein de l'armée et qui ne se laisse absolument pas impressionner par le héros de la Première Guerre mondiale.

Affecté au secrétariat général de la Défense nationale en 1931, de Gaulle participe alors aux débats sur la refonte de l'armée française. Dès lors, il se fait connaître par ses écrits militaires qui s'opposent à la stratégie de l'état-major. Ainsi, dans *Vers l'armée de métier* (1934), il plaide pour la création d'unités de « moteurs cuirassés » confiées à des militaires professionnels. Les campagnes qu'il mène dans la presse en faveur de l'équipement en blindés lui valent alors le surnom de Colonel motor.

Désormais, tout sépare de Gaulle de Pétain. D'autant que ce jeune rebelle à la hiérarchie militaire conservatrice n'hésite pas à publier *La France et son armée,* ouvrage dans lequel il reprend de larges extraits du texte que le maréchal voulait en 1926 signer de son nom. Cependant, les deux hommes se retrouvent brièvement en juin 1940. Le président du Conseil, Paul Reynaud, a appelé de Gaulle (quarante-neuf ans et récemment promu général de brigade) au poste de sous-secrétaire d'État à la Défense nationale. Pétain (quatre-vingt-quatre ans) est vice-président du Conseil. Chacun connaît la suite. Le 12 juin, le gouvernement de Paul Reynaud se replie en Touraine avant de gagner Bordeaux. Les troupes allemandes entrent dans Paris le 14 juin. Paul Reynaud démissionne deux jours plus tard. Le 17, le maréchal Pétain constitue un cabinet et il présente aux Allemands une demande d'armistice qui sera signé dans un wagon, le 22 juin, à Rethondes, près de Compiègne. De Gaulle s'oppose à toute reddition et il n'admet pas que le gouvernement de la France soit placé sous tutelle allemande. Le 17 juin, il s'envole de Bordeaux pour Londres et, dès le lendemain, lance sur les ondes de la BBC son célèbre appel du 18 juin. Et, dans un autre discours radiophonique, le 22 juin, Charles de Gaulle exhorte une nouvelle fois les Français à résister contre l'occupation allemande : « Beaucoup de Français n'acceptent pas la capitulation ni la servitude, pour des raisons qui s'appellent l'honneur, le bon sens, l'intérêt supérieur de la patrie. Je dis l'honneur, car la France s'est engagée à ne déposer les armes que d'accord avec ses Alliés. Tant que ses Alliés continuent la guerre, son gouvernement n'a pas le droit de se rendre à l'ennemi. »

Dans les mois qui suivent, entouré de militaires inconnus (le général Catroux et l'amiral Muselier) et de journalistes aventureux (Maurice Schumann et Geneviève Tabouis), Charles de Gaulle se consacre à l'organisation de son Comité de la France libre et obtient le soutien de Winston Churchill qui, le 7 août 1940, le reconnaît comme le « chef des Français libres ». Il l'appelle alors le Connétable de France. Et pendant cet exil dans la capitale anglaise, d'autres vont utiliser le sobriquet plus sarcastique de Charles sans Terre, allusion au souverain britannique Jean sans Terre (1199-1216) et au fait que le général ne règne que sur la modeste superficie de son bureau londonien. À cette même époque, certains hommes politiques qui ne souhaitent pas que le général s'installe au pouvoir après la fin de la guerre l'affublent d'un autre sobriquet : Charles le temporaire.

Cinq jours après le débarquement des forces anglaises, américaines et canadiennes en Normandie (juin 1944), de Gaulle arrive à Courseulles. Le 26 août 1944, acclamé par un million de Parisiens, il descend les Champs-Élysées en compagnie des chefs de la Résistance intérieure. Le 3 septembre 1944, de Gaulle prend la tête d'un gouvernement provisoire. Les élections du 21 octobre 1945 confirment la division politique de la France au sortir de la guerre. Les communistes (PCF) obtiennent 26,2 % des voix, les démocrates chrétiens (MRP) 24 % et les socialistes (SFIO) 23,5 %. Élu chef du gouvernement à l'unanimité de cette nouvelle Assemblée constituante, de Gaulle forme un cabinet tripartite. Mais, en profond désaccord avec l'attitude des partis qui ont « recouvré leurs moyens et reprennent leurs jeux d'antan », le général démissionne le 20 janvier 1946.

Douze ans plus tard, une inquiétante effervescence gagne chaque jour du terrain en ce mois de mai 1958.

Confusion à Paris, échauffourées à Alger. Moribonde, la IVᵉ République continue pourtant de s'enliser dans de dérisoires querelles. Après une longue « traversée du désert » – l'expression est de l'écrivain André Malraux (1901-1976) –, Charles de Gaulle apparaît comme le seul capable de résoudre une crise profonde. Face aux intrigues politiques et à la menace de coup d'État militaire, le 15 mai, le Grand Charles se déclare « prêt à assurer les pouvoirs de la République ». Mais la fièvre s'empare de l'Assemblée nationale. « Le fascisme ne passera pas ! » crie la gauche. « Algérie française ! » scande la droite. Quatre jours plus tard, de Gaulle convoque la presse et, pour marquer le « légalisme » de ses intentions, il déclare : « Ce n'est pas à soixante-sept ans que je vais commencer une carrière de dictateur. » Tout va alors très vite. Le cabinet Pflimlin démissionne le 27 mai. Le 29, le président de la République, René Coty (voir à ce nom), demande à l'Assemblée d'investir Charles de Gaulle à la présidence du Conseil. Celui-ci reçoit les pleins pouvoirs le 1ᵉʳ juin.

Lors du référendum du 28 septembre 1958, les Français approuvent massivement (79,25 %) la constitution de la Vᵉ République. Elle conduit à l'Élysée le général de Gaulle, élu par un collège de notables à la présidence de la République, le 21 décembre 1958. Mais il faudra attendre près de quatre ans pour que les accords d'Évian (19 mars 1962) marquent la fin des hostilités en Algérie.

Soucieux de rendre à la France son rang de grande puissance, le Grand Charles mène une politique extérieure indépendante de celle des deux grandes puissances que sont les États-Unis et l'Union soviétique. Aussi dote-t-il la France d'une force de frappe atomique. Et son soutien aux États-Unis lors de la crise des missiles de Cuba ne l'empêche pas de reconnaître la Chine populaire dès 1964 ni de sortir la France du commandement militaire intégré de l'Organisation du traité de l'Atlantique Nord (OTAN), en 1966.

En 1965, à la première élection présidentielle au suffrage universel direct, de Gaulle est mis en ballottage au premier tour de scrutin par François Mitterrand (1916-1996). Il est cependant réélu, au second tour, avec 55 % des suffrages exprimés. Mais le malaise économique et social s'étend peu à peu. Puis la fièvre gagne en 1968. Dès les premiers jours du mois de mai, la contestation s'organise dans les rangs des étudiants et dans ceux des syndicats ouvriers. Tout s'enchaîne. Émeute le vendredi 10 mai à Paris, grève générale le lundi 13 mai, grève aux usines de la Régie Renault, à Flins, le 16 mai, l'appoint du personnel de la RATP et de la SNCF contribuant à achever la paralysie totale du pays.

De retour d'une visite à Bucarest (Roumanie), le général de Gaulle convoque un conseil restreint le dimanche 19 mai. Et il conclut la réunion par une remarque laconique : « Péripéties que tout cela, mais qui n'ont que trop duré… La réforme, oui, la chienlit, non ! Il faut que cela se sache. » Son impact va dépasser toutes les espérances du Grand Charles : l'essence commence à manquer, les familles stockent sucre et café, les capitaux se réfugient en Suisse, le franc s'effondre et il n'y a plus ni facteurs ni éboueurs dans Paris. La

France compte dix millions de grévistes sur 14,8 millions de salariés !

Cependant, la situation s'inverse en quelques jours. Pompidou, patronat et centrales ouvrières négocient les célèbres accords de Grenelle (25 au 27 mai). Mais, le 29 mai, mystère ! Le président de la République disparaît. Il se rend outre-Rhin, à Baden-Baden, pour rencontrer le général Massu qui commande les forces françaises en Allemagne. De Gaulle rentre le soir même et, dès le lendemain, annonce la dissolution de l'Assemblée nationale, tandis qu'une manifestation de soutien au général réunit plusieurs centaines de milliers de Parisiens sur les Champs-Élysées. Le 30 juin, au terme du second tour des législatives, les gaullistes obtiennent 358 sièges sur 485 députés. Maurice Couve de Murville remplace Georges Pompidou au poste de Premier ministre.

Charles de Gaulle relance alors son idée de participation et il organise un référendum (27 avril 1969) sur la réforme du Sénat et la régionalisation. Mais les Français disent non à de Gaulle, ce qui entraîne, comme il l'avait annoncé, sa démission immédiate et sa retraite à Colombey-les-Deux-Églises. De Gaulle se plonge alors dans la rédaction de ses *Mémoires d'espoir* destinés aux éditions Plon. D'où ce dernier très joli surnom : le Soldat de Plon. Un soldat qui s'éteint le 9 novembre 1970, foudroyé par une rupture d'anévrisme.

Rédigé dès 1952, son testament précisait qu'aucun hommage ne devait lui être rendu, sauf par ses compagnons membres de l'Ordre de la Libération et par les villageois de Colombey-les-Deux-Églises. Pendant les obsèques qui réunissent sa famille et ses proches, une cérémonie parallèle se déroule à Notre-Dame de Paris en présence de quelque quatre-vingts chefs d'État et de gouvernement.

~

Valéry Giscard d'Estaing

(1926-....)

~

Le Colin froid, l'Ex

Polytechnicien et ancien élève de l'École nationale d'administration (ENA), Valéry Giscard d'Estaing est nommé dès 1954 au poste de directeur adjoint du cabinet d'Edgar Faure, alors président du Conseil. Secrétaire d'État aux Finances en 1959 dans le gouvernement de Michel Debré, puis ministre de l'Économie et des Finances à partir de janvier 1962, Giscard est réélu à l'Assemblée nationale en 1967. Il devient le président de la Fédération nationale des républicains indépendants et commence à songer très sérieusement à son avenir ! Giscard peaufine son image de brillant technicien, jeune, dynamique et moderne, tout en essayant de lui accoler celle du gendre parfait. Bref, Giscard marque sa différence et attend son heure. L'occasion survient en 1969, lorsque le général de Gaulle propose un référendum sur la réforme du Sénat et sur la régionalisation. Là, Giscard joue sur le registre de la subtilité puisqu'il annonce « avec regret mais avec certitude » qu'il ne pourrait pas « dire oui ».

On connaît la suite. Battu, Charles de Gaulle démissionne et Georges Pompidou, qui se tient « en réserve de la république » depuis le 10 juillet 1968, rejoint l'Élysée. Quant à Giscard, sa difficulté à « dire oui » ne l'empêche pas de retrouver le ministère de l'Économie et des Finances.

À l'élection présidentielle de 1974 qui suit la mort de Georges Pompidou (1911-1974), douze candidats s'affrontent lors du premier tour. Et Valéry Giscard d'Estaing, quarante-neuf ans, devance largement son principal concurrent de droite, Jacques Chaban-Delmas (32 % des suffrages contre 15 %). Le 19 mai, au soir du second tour, Giscard l'emporte d'un rien (quatre cent mille voix) face à François Mitterrand. La revanche se déroule en 1981. Cette fois, François Mitterrand l'emporte avec près de 52 % des voix. Après cette défaite, l'hebdomadaire satirique *Le Canard Enchaîné* prendra un malin plaisir à appeler Valéry Giscard d'Estaing l'Ex (sous-entendu président).

Entre-temps, en octobre 1979, ce même journal avait révélé que Jean-Bedel Bokassa (1921-1996), président de la République centrafricaine, aurait remis une plaquette de diamants de trente carats à Giscard en 1973. L'opposition s'empare du scandale et la presse se déchaîne (notamment le quotidien *Le Monde*). Valéry Giscard d'Estaing commence par traiter l'information sur le ton du mépris. Puis il tergiverse, donne quelques explications, et en vient à minimiser la valeur du cadeau. Finalement, en novembre 1979, Valéry Giscard d'Estaing précise que les cadeaux reçus dans l'exercice de ses fonctions seront remis à des œuvres de bienfaisance ou à des musées. Cette affaire complexe ne sera jamais clairement élucidée et elle coûtera probablement très cher au président lors du scrutin de 1981, les électeurs ayant surtout été troublés par l'arrogance du chef de l'État. Dédain que l'on retrouve juste après la défaite de 1981 lorsque Valéry Giscard d'Estaing met en scène son départ de l'Élysée en croyant bon de terminer son allocution par un taciturne « au revoir », tandis que la caméra s'attarde de longues secondes sur son siège vide en attendant qu'il quitte la pièce.

Toujours en 1979, la plume acerbe de l'écrivain Jean-Édern Hallier avait troussé un livre assez violent contre le président. Un pamphlet intitulé *Lettre au colin froid.* Le surnom de Colin froid tiendra deux petites années. En revanche, sec, cinglant, péjoratif et quelque peu dédaigneux, le surnom l'Ex sonnera comme une sorte de revanche dans la bouche de ses détracteurs. Et l'Ex collera à la peau de Giscard pendant une bonne vingtaine d'années.

~

Les frères Goncourt

~

Les Bichons

Les deux frères Huot de Goncourt, Edmond (1822-1896) et Jules (1830-1870), vivaient dans une exceptionnelle et bien réelle connivence qui touchait parfois aux confins d'une symbiose quelque peu exagérée par leurs plus fidèles supporters. Leur comportement semblait s'apparenter à celui de parfaits jumeaux que huit années séparaient.

Jules et Edmond s'émerveillent des mêmes choses, aiment les mêmes femmes, détestent de conserve et souffrent aux mêmes périodes de maux véritables ou feints. De surcroît, ils s'habillent de façon similaire et mettent un point d'honneur à manier un égal raffinement dans le verbe, le geste ou l'attitude. Pour se convaincre de cette fusion, il suffit d'admirer leur moue taciturne sur le portrait de Félix Nadar qui se trouve au musée Carnavalet, à Paris. Bref, les Goncourt sont inséparables. Jusque dans l'écriture. Et, là, il faut bien reconnaître qu'ils vont réussir à merveille dans cet art ô combien délicat de la rédaction d'ouvrages « à quatre mains ». Jules s'attache à fignoler le style. Edmond souligne d'ailleurs que son frère met « un soin amoureux à l'élaboration de la forme, à la ciselure des phrases, au choix des mots, reprenant des morceaux écrits en commun et qui nous avaient satisfaits tout d'abord, les retravaillant des heures ». Et c'est dans ce contexte que Gustave Flaubert (1821-1880), à la fois amical et railleur, va surnommer ses collègues Goncourt les Bichons. Le mot fait mouche, car le bichon est effectivement un petit chien de bonne compagnie, bien mis, consciencieusement brossé et parfumé… Animal préféré de la bourgeoisie de l'époque, le bichon a tout pour plaire. Aussi, les salons littéraires répètent-ils à l'envi la formule de Flaubert.

Le « je » n'existe donc pas chez les Goncourt. Les Bichons disent toujours « nous ». Du moins, jusqu'en 1870, date de la mort prématurée de Jules. Edmond va cependant poursuivre la rédaction de leur *Journal* qui sera publié en neuf volumes de 1887 à 1896. Cette œuvre est une critique acerbe et jubilatoire des mœurs littéraires, mondaines et artistiques de l'époque. Une première édition dite « complète », mais toutefois allégée de passages licencieux ou diffamatoires, est publiée en 1935. La vraie version intégrale paraît en 1956.

À la mort d'Edmond, son testament crée le célèbre prix Goncourt : « Je nomme pour exécuteur testamentaire mon ami Alphonse Daudet, à la charge pour lui de constituer dans l'année de mon décès, à perpétuité, une société littéraire dont la fondation a été, tout le temps de notre vie d'hommes de lettres, la pensée de mon frère et la mienne, et qui a pour objet la création d'un prix de 5 000 francs destiné à un ouvrage d'imagination en prose paru dans l'année… » La Société Littéraire des Goncourt verra le jour en 1902. Elle décerne son premier prix le 21 décembre 1903 à *Force ennemie*, un roman d'Eugène Torquet, dit John-Antoine Nau (éditions La Plume).

~

Mikhaïl Gorbatchev
(1931- ....)

~

Gorby

Mikhaïl Gorbatchev adhère au Parti communiste de l'Union soviétique (PCUS) en 1952. Puis il gravit tous les échelons du parti. Élu au Soviet suprême (1970), Gorbatchev devient secrétaire général du parti à la mort de Konstantin Tchernenko (1985).

Dans un pays en crise, Gorbatchev joue sur le registre de l'audace. Il veut réformer en profondeur la société soviétique et lance ses célèbres programmes connus sous le nom de *perestroïka* (restructuration) pour les aspects économiques et de *glasnost* (transparence) pour les affaires politiques et culturelles. Ces initiatives rompent avec plus de cinquante années de régime arbitraire : retour à la liberté de la presse, réhabilitation des dissidents et des victimes des purges staliniennes, fin du régime du parti unique, reconnaissance de la propriété privée et du rôle de l'économie de marché. Et, en mars 1989, il organise les premières élections libres depuis 1917.

Mikhaïl Gorbatchev jouit alors d'une immense popularité, notamment sur la scène internationale. Il enterre la guerre froide, favorise le retrait des troupes soviétiques d'Afghanistan en1989, normalise les relations avec la Chine et signe des accords sur le contrôle des armes avec Ronald Reagan puis George Bush (1985-1991). Gorbatchev devient alors Gorby, surnom doté d'une consonance qui semble symboliser une sorte d'américanisation de sa politique. Gorby poursuit d'ailleurs son action de libéralisation en soutenant les mouvements d'opposition qui vont émanciper certains pays du bloc de l'Est de la domination soviétique. Ce que l'on appellera les révolutions démocratiques de 1989 en Tchécoslovaquie, Hongrie, Bulgarie, République démocratique allemande (RDA), Pologne et Roumanie. Une démarche qui lui vaut de recevoir le prix Nobel de la paix en 1990.

Mais toutes ces réformes menées tambour battant ne sont pas toujours bien assimilées. D'un côté, Gorby se heurte aux communistes radicaux et, de l'autre, il doit affronter les nouveaux capitalistes qui souhaitent aller encore plus loin et plus vite sur le chemin de la libéralisation de l'économie de marché. Sa popularité s'effondre et Boris Eltsine est élu à la présidence de la Russie (12 juin 1991). Gorbatchev démissionne du secrétariat général du PCUS puis de la présidence de l'URSS (25 décembre 1991).

Redevenu simple citoyen, Gorby continuera de s'opposer à l'ampleur de la libéralisation économique et politique menée dans les ex-républiques soviétiques et il prônera une réforme maîtrisée par l'intervention de l'État. Mais si sa voix continue de porter sur la scène internationale, elle devient totalement inaudible dans son propre pays. Et Mikhaïl Gorbatchev essuie un échec retentissant aux élections présidentielles de juin 1996.

~

Guillaume, duc de Normandie
(1027-1087)

~

Guillaume le Bâtard, Guillaume le Conquérant

Vouloir envahir l'Angleterre en débarquant sur ses côtes relève de l'authentique exploit. Beaucoup ont échoué dans cette tentative : l'Invincible Armada en 1588 (la flotte de 130 vaisseaux rassemblée par Philippe II d'Espagne pour détrôner Élisabeth Ire et rétablir le catholicisme en Angleterre fut littéralement anéantie) ; Napoléon en 1805 (la cuisante défaite navale infligée par Nelson à Trafalgar mit un coup d'arrêt définitif aux projets d'invasion échafaudés par l'empereur) ; l'armée d'Hitler pendant la Seconde Guerre mondiale. En revanche, Guillaume le Bâtard allait y parvenir en 1066.

Fils illégitime du duc de Normandie Robert Ier et de la fille d'un tanneur, Guillaume est désigné par son père en 1033 pour hériter de ses titres et de ses biens. Mais, deux ans plus tard, à la mort de Robert Ier, les barons normands vont tenter de s'opposer à cette succession. Une sorte de putsch leur semble possible dans la mesure où Guillaume n'a que huit ans. Ainsi, dans la bouche des notables locaux qui aiguisent leurs appétits de pouvoir, le jeune duc devient Guillaume le Bâtard. Une manière somme toute assez classique pour essayer de le discréditer. Mais le roi Henri Ier de France choisit son camp. Il soutient Guillaume qui remporte une victoire décisive sur les armées rebelles en 1047.

Quatre ans plus tard, Guillaume se rend en Angleterre pour y rencontrer son cousin, le roi Édouard le Confesseur (surnom dû à son extrême piété). Sans descendance, Édouard choisit Guillaume comme héritier de la couronne d'Angleterre. Mais, à la mort d'Édouard en 1066, le conseil des sages (notables locaux, fonctionnaires royaux, responsables ecclésiastiques, amis et parents du souverain) préfère désigner Harold de Wessex comme successeur. Aussitôt, Guillaume s'insurge. Mais, en fin politique, il s'assure d'abord le consentement du pape Alexandre II ; puis il décide de débarquer en Angleterre. Là où tant d'autres vont échouer plusieurs siècles après lui, le duc de Normandie et son armée accostent à Pevensey le 28 septembre 1066. Le 14 octobre, les Normands châtient les armées anglaises à la bataille d'Hastings où Harold est tué. Guillaume se dirige sans opposition vers Londres. Le jour de Noël, il est couronné roi d'Angleterre à l'abbaye de Westminster. Le Bâtard laisse la place au Conquérant.

Moine anglo-normand, Orderic Vital (1075-1143) évoque dans ses histoires du duché de Normandie et du royaume d'Angleterre un Guillaume Ier volontaire et conquérant. Sans affirmer l'appellation Guillaume le Conquérant qui surviendra probablement aux XIIIe ou XIVe siècles, sans qu'aucune datation précise ne soit possible. Certains hagiographes du duc de Normandie prétendent cependant que Guillaume aurait refusé ce surnom de Guillaume le Conquérant de son vivant en alléguant qu'il n'avait rien conquis puisque la couronne d'Angleterre lui revenait de plein droit !

Quoi qu'il en soit, le nouveau roi Guillaume Ier poursuit son œuvre de conquête avec une brutalité propre aux mœurs de l'époque médiévale. Le vainqueur-conquérant ordonne le saccage de vastes régions (notamment dans le Yorkshire). Finalement, en 1070, les Normands ont imposé leur loi. Deux ans plus tard, Guillaume Ier envahit l'Écosse. Puis il fait construire sa demeure, la célèbre Tour de Londres (1078) et, surtout, il se lance dans une profonde réorganisation du système administratif britannique. Ainsi le souverain exige-t-il la rédaction du *Domesday Book* (Livre du Jugement dernier). Il s'agit ici de la première étude cadastrale répertoriant toutes les terres du pays. Parallèlement, Guillaume continue de conquérir ! Il démembre les grands comtés qui jouissaient d'une large autonomie et distribue les terres confisquées à ses fidèles lieutenants.

Fort du soutien du nouveau roi Philippe Ier de France, Robert Courteheuse, le fils aîné de Guillaume, fomente une révolte en Normandie à partir de 1075. Guillaume Ier doit alors se rendre souvent sur le continent pour y livrer bataille. En 1087, victime d'une chute de cheval, Guillaume meurt à Rouen où il a été transporté. Il sera enseveli à Caen, dans l'abbatiale

Saint-Étienne. Deux de ses fils lui succédèrent sur le trône d'Angleterre. D'abord Guillaume II le Roux de 1087 à 1100, puis Henri Ier Beauclerc entre 1100 et 1135.

~

Henri de Guise
(1550-1588)

~

Le Balafré

Nous sommes là au cœur d'une période particulièrement trouble de l'histoire de France. Celle où d'horribles complots et manipulations ont entraîné la mort de milliers d'innocents au nom de la doctrine religieuse qui relayait en réalité de sombres machinations politiques qui ne visaient qu'à s'emparer du pouvoir. Second fils d'Henri II et de Catherine de Médicis, Charles IX accède au trône de France en 1560. Il n'a que dix ans et sa mère exerce la régence, tandis que le conflit entre protestants et catholiques empoisonne la vie du royaume. En mars 1562, une cinquantaine de protestants sont tués dans le paisible bourg de Wassy (Haute-Marne), tandis qu'ils priaient dans une grange. Derrière ce massacre se cache la main du duc François de Guise. Lâche et atroce, cet acte déclenche la première guerre de Religion. François de Guise est assassiné quelques mois plus tard, le 13 février 1563, par des hommes de main de l'amiral de Coligny.

Sa majorité venue, Charles IX (1550-1574) soutient une politique d'apaisement à l'égard des protestants. Mais il doit réviser sa position sous la pression de l'opinion catholique qui accepte fort mal l'emprise grandissante de l'amiral de Coligny (principal chef huguenot avec Condé) sur le jeune roi. Mais une bonne nouvelle semble se profiler à l'horizon. En effet, Henri de Navarre (branche des Bourbons, futur Henri IV, élevé dans la rigueur du protestantisme) annonce son mariage avec Marguerite de Valois (dite la reine Margot). Marguerite est la sœur de Charles IX, donc la propre fille de Catherine de Médicis. Le mariage est fixé pour le 18 août 1572.

Germe alors dans l'esprit tortueux de la reine mère, qui s'était rapprochée de la famille des Guise, le plus odieux des complots. Elle va profiter de la présence à Paris de nombreux protestants, venus assister au mariage de sa fille, pour en ordonner leur extermination. Effrayé, Charles IX refuse. Puis il finit par céder aux assauts de sa mère. On connaît la suite : dans la nuit du 23 au 24 août, des hordes de tueurs sauvages engagent un massacre systématique des protestants de tous âges et de toutes conditions sociales. La nuit de la Saint-Barthélemy fait probablement trois mille victimes dans la capitale et le carnage se poursuit en province jusqu'en octobre 1572. Rongé par la tuberculose, Charles IX meurt deux ans plus tard, à l'âge de vingt-quatre ans. Son frère Henri III lui succède et celui-ci se range finalement dans le camp de la tolérance.

S'efforçant de préserver l'unité du pays, Henri III conclut la paix de Beaulieu (1576) qui reconnaît aux protestants le droit de pratiquer leur culte (en dehors de la capitale) et de disposer de places fortes pour leur sécurité. Les catholiques fanatiques considèrent cette attitude comme une véritable provocation. Aussi s'appuient-ils sur la Ligue (association de virulents activistes qui s'opposent au protestantisme). Une puissante organisation qui dispose d'un chef charismatique, une véritable force de la nature qui mesure près de deux mètres : Henri de Guise, le fils aîné de François de Guise.

Élevé dans la haine des protestants, Henri était devenu duc de Guise à la mort de son père. Il s'était illustré en de multiples occasions lorsque avaient repris les hostilités entre protestants et catholiques. Notamment à Jarnac en 1569, célèbre bataille où avait été tué Louis Ier de Bourbon, le premier prince de Condé, farouche opposant à la famille des Guise, mais aussi à Moncontour. Nommé gouverneur de la Champagne, Henri de Guise avait d'ailleurs été blessé au visage lors de la bataille de Dormans en luttant au corps à corps contre des hommes de l'armée du deuxième prince de Condé (10 octobre 1575). Et cette cicatrice lui valut aussitôt le surnom de Balafré, comme son père, qui portait lui aussi une large entaille sur la joue.

En 1584, la Ligue possède donc un leader d'envergure lorsque survient la mort du frère d'Henri III, le duc d'Alençon (devenu duc d'Anjou en 1576). Le problème de la future succession au trône de France se pose clairement. L'héritier légitime s'appelle également Henri, roi de Navarre (futur Henri IV). Commence alors la guerre des trois Henri : Henri de Navarre conduit les réformés ; Henri de Guise dirige la puissante Ligue ; Henri III défend la cause royaliste.

En octobre 1587, la bataille de Coutras en Gironde affaiblit encore la position du monarque. Son favori, le duc de Joyeuse, y subit une cinglante défaite face à Henri de Navarre. De son côté, en novembre 1587, le Balafré remporte de prestigieuses victoires sur les protestants allemands (Auneau et Vimory). La popularité du duc de Guise ne cesse de croître. En mai 1588, il se pose en rival direct du roi et entre dans Paris. Henri III doit alors se réfugier à Blois. Le Balafré se dit « roi de Paris ». Il n'a jamais vu la couronne de France d'aussi près. D'autant que les ultra-catholiques prononcent la déchéance du souverain et mettent en place une sorte de gouvernement révolutionnaire.

Feignant de se soumettre aux exigences de la Ligue, Henri III nomme le Balafré lieutenant général du royaume (4 août 1588). Puis il le convoque à Blois sous prétexte de négociation. Henri de Guise accepte l'invitation et refuse d'écouter les rumeurs de traquenard. Certes valeureux, mais quelque peu arrogant, il se rend à Blois sans la moindre escorte. Le 23 décembre 1588, le piège se referme. Le Balafré tombe dans la chambre royale du château de Blois, lardé de coups de poignard par la garde personnelle du roi, ses fidèles « Quarante-cinq ».

Finalement, Henri III se rapprochera du roi de Navarre en le désignant comme son successeur légitime. Dès lors, les deux hommes unissent leurs efforts pour continuer de combattre la Ligue. Mais, le

1er août 1589, un moine dominicain, Jacques Clément, poignarde le souverain. Quant à Henri IV, dernier survivant de la guerre des trois Henri, il sera lui aussi assassiné par Ravaillac, le 14 mai 1610.

~

H

HENRI IV
(1553-1610)

~

Le Vert Galant

Le galant homme montre un empressement certain auprès des femmes. Et, tout particulièrement, auprès de celles qu'il cherche à séduire. Quant à l'adjectif vert, il qualifie en la matière l'énergie et la vigueur. Autant dire que le vert galant (ou vert-galant) du XVIe siècle (homme entreprenant avec les femmes) ressemble à s'y méprendre au sémillant don juan qui ne pointera le bout de son nez qu'au début du XIXe siècle.

Le bon roi Henri IV (sa popularité ne se démentira jamais tout au long de son règne), souverain de la poule au pot du dimanche et du célèbre panache blanc et roi du marketing politique avant la lettre, méritait sans contestation possible le surnom de Vert Galant tant il a compté de maîtresses officielles et officieuses, très jeunes, matures, ravissantes ou ordinaires. Et ne comptons pas ses plaisirs qui ne duraient que l'instant d'une rencontre, sans distinction de protocole ni de rang social.

Noceur, bon vivant et libertin, Henri IV n'en promulgua pas moins le célèbre édit de Nantes (1598) qui ramena la paix dans le royaume et qui donnait enfin aux protestants la possibilité de suivre leur culte en toute quiétude.

Officiellement désigné par Henri III à la suite de la querelle des trois Henri (voir à *Henri de Guise*), Henri de Navarre accède au trône de France en 1589. Mais il doit se passer de la reconnaissance des catholiques extrémistes. Car, bien que vaincue, la Ligue ne désarme pas. D'autant qu'elle reçoit l'aide de Philippe II d'Espagne (en hommes, armes et subsides). Henri IV va donc se battre pour gagner sa légitimité. Et, le 21 septembre 1589, le Vert Galant fait merveille dans le maniement de son armée. Il écrase ses adversaires à Arques, près de Dieppe. Le 14 mars 1590, en infériorité numérique évidente, Henri IV affronte les ligueurs à Ivry-la-Bataille, dans l'Eure. C'est là qu'il lance à ses troupes désabusées : « Mes compagnons ! Dieu est pour nous. Voici ses ennemis et les nôtres. Voici votre roi ! Si vos cornettes vous manquent, ralliez-vous à mon panache blanc ! Vous le trouverez au chemin de la victoire et de l'honneur. » Dans une charge où la cruauté le dispute à l'abnégation, le Vert Galant remporte une nouvelle victoire.

Un mois après son sacre de Chartres, le 22 mars 1594, les portes de Paris s'ouvrent enfin devant lui. Henri IV est assassiné par Ravaillac, un catholique fanatique, le 14 mai 1610, rue de la Ferronnerie à Paris.

~

Édouard Herriot
(1872-1957)

~

Le Discrédit lyonnais, l'Éléphant de la République

Maire de Lyon pendant cinquante ans (1905-1942, puis 1945-1957), Édouard Herriot fut l'un des personnages emblématiques de la Troisième République. Leader incontesté du radicalisme au temps de sa splendeur (1920-1936), cet agrégé de philosophie et ancien élève de l'École normale supérieure siège à l'Assemblée nationale de 1919 à 1940 (sans interruption). Jovial, rondouillard, cultivé et brillant orateur, Édouard Herriot s'identifie à ses électeurs, cette couche sociale naissante qu'il fut le premier à appeler le « Français moyen ».

Président du Conseil et ministre des Affaires étrangères après la victoire du Cartel des gauches en 1924, ce laïc modéré prend deux initiatives importantes au plan international. Son gouvernement fait évacuer la Ruhr (occupée depuis 1923 pour exiger le paiement des réparations par l'Allemagne) et il reconnaît l'Union soviétique. En revanche, les difficultés de politique intérieure (crise monétaire et hostilité du grand capital) conduisent Édouard Herriot à la démission dès avril 1925. Ministre de l'Éducation dans le gouvernement Poincaré de 1926 à 1928, il fut appelé à une nouvelle et éphémère présidence du Conseil (quelques mois) en 1932. Là encore, des difficultés économiques et un programme déflationniste sont au cœur du débat. Il n'en fallait pas davantage pour que l'opinion s'empare d'un bon mot en qualifiant le leader radical de Discrédit lyonnais. Référence à son implantation dans la capitale des Gaules et à la banque (le Crédit Lyonnais) qui vit le jour dans la cité en juillet 1863. La formule venait en droite ligne du titre d'un pamphlet publié aux éditions du Hibou par Jules Rivet (1884-1946), un journaliste du *Canard Enchaîné*.

Fils d'Alphonse Daudet (1840-1897), le chantre de la Provence (*Lettres de mon moulin* et *Tartarin de Tarascon)*, Léon Daudet (1867-1942), un polémiste antisémite gagné par l'idéologie nationaliste de Charles Maurras, n'hésite pas à utiliser le registre de l'insulte pour qualifier Édouard Herriot de Merde Lyon. Une injure parfaitement gratuite en forme de calembour impersonnel et interchangeable. Le contraire même d'un vrai bon surnom. De leur côté, les caricaturistes des années 1920-1930 affichaient une certaine bonhomie. Ils se contentent de qualifier gentiment Herriot d'Éléphant de la République en référence à son embonpoint.

Président de la Chambre des députés de 1936 à 1940, le Discrédit lyonnais s'abstient lors du vote des pleins pouvoirs au maréchal Pétain, refuse toute collaboration avec les Allemands et se tient à l'écart du gouvernement de Vichy. Déporté en Allemagne en

1944-1945, Herriot fut libéré par les troupes soviétiques. Il fut président de l'Assemblée nationale de 1947 à 1954.

Élu à l'Académie française (1946), l'Éléphant de la République a publié quelques ouvrages de qualité. Notamment *Mme Récamier et ses amis* (1904), *La Vie de Beethoven* (1929), *Les États-Unis d'Europe* (1930).

~

Bernard Hinault
(1954-....)

~

Le Blaireau

Coureur cycliste d'origine bretonne, Bernard Hinault remporte le Tour de France à cinq reprises (1978-79-81-82-85) en huit participations. Auparavant, seuls Jacques Anquetil et Eddy Merckx avaient réalisé une telle performance. Bernard Hinault possède l'un des plus beaux palmarès de l'histoire du sport cycliste (derrière Eddy Merckx, voir à ce nom). Bernard Hinault compte également à son actif : un titre de champion du monde (1980), trois Tours d'Italie et deux Tours d'Espagne.

Celui qui a dominé sa discipline en alignant plus de deux cents victoires chez les professionnels de 1978 à 1986 fut très rapidement surnommé le Blaireau par l'ensemble du peloton (coureurs, suiveurs et journalistes). Le sobriquet lui aurait été donné par l'un de ses concurrents qui voulait souligner l'esprit de compétition du Breton. Explication : le blaireau ne lâche jamais sa proie et, de la même façon, dans les courses qu'il dispute, Bernard Hinault ne lâche jamais prise.

Le blaireau se bat jusqu'au bout pour emporter la victoire. Certes ! Sauf que les blaireaux mangent surtout insectes, racines, fruits, vers de terre, larves, escargots et oisillons. Bref, des proies pour le moins faciles à maîtriser. Comme quoi, l'attribution d'un surnom repose donc parfois sur une méprise. Ou sur une explication restée confidentielle et qu'il faudrait chercher dans les autres caractéristiques du petit mammifère en question.

~

I

Ivan IV
(1530-1584)

~

Ivan le Terrible

Voilà bien un personnage qui mérite sans contestation possible ce surnom qui lui sera attribué vers la fin de son règne (certains l'appelleront aussi le Redoutable). Ivan IV Vassiliévitch succède à son père à l'âge de trois ans et devient tout d'abord grand-prince de Moscou (1533-1547). Puis il sera le premier souverain officiellement couronné tsar de Russie (1547-1584), titre qui servait jadis à désigner les empereurs byzantins. Certes, pendant ses dix premières années de pouvoir, Ivan IV mène une impressionnante série de profondes réformes intérieures. Par exemple, en 1549, il convoque la première assemblée représentative nationale jamais mandatée par un souverain russe et modernise la totalité du code juridique. Mais ce chef de clan cruel, fantasque et brutal, devient bien vite Ivan le Terrible.

Impitoyable tyran entouré de quelques farouches guerriers dévoués à sa cause, Ivan IV réprime avec sauvagerie les diverses rébellions des boyards, les seigneurs, membres de la noblesse terrienne. Il fait régner en permanence la terreur sur l'ensemble du pays. Ainsi va-t-il détruire la ville de Novgorod en 1570 et ordonner le massacre de ses milliers d'habitants. Principauté avait été fondée vers 860 par le Varègue Riourik.

Mais la férocité d'Ivan IV ne se cantonnait pas aux actes commis dans l'exercice du pouvoir. Ses sept épouses et leurs enfants eurent à subir ses assauts de violence. Et, dans un accès de fureur dont il était coutumier, Ivan le Terrible frappe et tue son fils aîné, qui était son préféré.

À la mort d'Ivan IV, un autre de ses fils, Fédor (1557-1598), lui succède. Malade et faible d'esprit, Fédor ne gouverne pas. En fait, un pouvoir fantoche échoit entre les mains de son beau-frère, Boris Godounov. Le pays sombre dans l'anarchie et les boyards reprennent force et vigueur. La dynastie des Riourikides s'éteint à la mort de Fédor. Et la confusion prend fin avec l'avènement de Michel Romanov en 1613. La dynastie des Romanov va gouverner le pays jusqu'à la révolution russe de 1917.

~

J

Michael Jackson
(1958-2009)

~

Bambi

Chanteur, auteur-compositeur, mais aussi danseur-chorégraphe, Michael Jackson se lance dans une carrière professionnelle dès l'âge de onze ans au sein des *Jackson Five*, un groupe créé avec ses frères aînés. Puis Michael Jackson engage une expérience solo en 1971. Au cours de sa carrière, il enregistrera dix albums studio, dont six figurent parmi les plus vendus au monde : *Off the Wall* (1979), *Thriller* (1982), *Bad* (1987), *Dangerous* (1991), *HIStory* (1995) et *Invincible* (2001).

Dans les années 1980, Michael Jackson devient une figure emblématique de la musique pop. Dès lors, il connaît une notoriété planétaire probablement jamais égalée. Il ne manque d'ailleurs pas de bouleverser l'industrie du spectacle en concevant par exemple les premiers clips musicaux comparables à des courts-métrages de cinéma. Il popularise également de nombreux pas de danse, dont celui qui devient pour lui une sorte de signature : le *Moonwalk*. En fusionnant des genres musicaux comme le soul, le funk et le rock,

Michael Jackson va influencer de nombreux artistes de hip-hop, pop et R'n'B.

Plus de 750 millions d'aficionados ont acheté les disques de Michael Jackson. Ce qui l'a probablement incité à s'autoproclamer *The king of pop* (le roi de la pop), et ce qui le place parmi les trois plus gros vendeurs au monde (en compagnie des Beatles et d'Elvis Presley).

Soulignons aussi que Michael Jackson a versé plus de 400 millions de dollars à des œuvres caritatives, notamment grâce à sa tournée *Dangerous World Tour*. Mais son goût immodéré de la chirurgie esthétique et, surtout, les deux procédures judiciaires l'accusant d'abus sexuels sur des mineurs ont largement terni son image. Ainsi, l'affaire Chandler se termine en 1994 par un accord financier (autour de 20 millions de dollars) entre la famille du plaignant et l'entourage de Jackson. En 2005, le roi de la pop est innocenté dans le second procès (affaire Arvizo).

Quant au surnom de Bambi qui fut accolé au personnage de Jackson, journalistes et fans du chanteur le répètent à l'envi sans que personne ne sache véritablement en expliquer l'origine. Reste une hypothèse. Roman de Felix Salten paru en 1923, *Bambi* raconte l'histoire d'un faon séparé de sa mère. L'ouvrage a inspiré des longs-métrages d'animation créés par les studios Disney en 1942 et 2006. Et *Bambi* se veut indissociable de l'enfance. Or, Michael Jackson souffrait du syndrome de Peter Pan, une pathologie mise en évidence par le psychanalyste Dan Kiley en 1983. Cette maladie touche des jeunes adultes qui refusent l'idée même de sortir de l'enfance. Elle se traduit par différents stades d'instabilité sociale et psychologique.

On se souvient que Peter Pan (autre star de la mythologie enfantine) est un personnage littéraire créé en 1902 par l'écrivain anglais, James Matthew Barrie. Peter Pan refuse de grandir, pour toujours s'amuser et ne pas devenir un homme. Dan Kiley a donc touché juste pour donner un nom à sa découverte. Et les différentes attitudes de Michael Jackson montrent à l'évidence que Peter Pan l'habite. Ne s'était-il pas construit une sorte d'univers onirique composé notamment de peluches dans son ranch de Neverland. Bref, Jackson éprouve un inextinguible besoin de se rapprocher de l'enfance (on ne parle ici que du syndrome de Peter Pan). Et Bambi, symbole de l'insouciante jeunesse, lui colle alors à la peau. Conclusion : on en vient à attribuer au roi de la pop un second surnom : Bambi.

Michael Jackson meurt dans des conditions curieuses le 25 juin 2009 dans sa maison de Los Angeles. Ses funérailles se déroulent le 2 juillet. Un milliard de téléspectateurs auraient suivi cet ultime spectacle orchestré par le producteur des *Grammy Awards*.

~

K

Buster Keaton
(1895-1966)

~

L'Homme qui ne rit jamais

Le comique burlesque au cinéma atteint son apogée outre-Atlantique dans les années 1920. Grâce notamment à la Keystone, une sorte d'usine à rires fondée en 1912 par le pionnier en la matière, Mack Sennett (1880-1960). Les délires souvent irrévérencieux de Sennett vont montrer le chemin aux monstres sacrés du genre : Laurel et Hardy, Charles Chaplin, Harold Lloyd, W.C. Fields et Buster Keaton. Sans oublier bien sûr Max Linder (1883-1925), acteur et réalisateur français que beaucoup considèrent comme le précurseur du genre et qui tourna aux États-Unis en 1920-21 pour United Artists. Entre 1910 et 1929, Sennett produisit un millier de films muets. Il dirigea W.C. Fields et Buster Keaton.

Populaire et inventif, Buster Keaton fut (avec Chaplin) le plus grand artiste du cinéma muet mondial. D'abord comédien et acrobate de music-hall, Joseph Francis monte sur scène dès l'âge de quatre ans en compagnie de ses parents, Mom et Pop. Il dispose alors d'une exceptionnelle souplesse au point que les spectateurs le baptisent tout d'abord l'Homme en caoutchouc lorsqu'il continue de se produire dans les spectacles de la troupe familiale. Joseph Francis se prénomme désormais Buster, mot que l'on peut traduire en français par casse-cou. Ce sobriquet lui a été donné dans son plus âge (probablement vers un an) par le talentueux prestidigitateur d'origine hongroise Harry Houdini (1874-1926) qui effectue à l'époque des tournées avec les Keaton. Joseph Francis tomba d'un escalier en effectuant un spectaculaire vol plané et Houdini s'écria : « *What a Buster !* » (Quel casse-cou !). Le bon mot de leur ami Harry plut aux parents, et le sobriquet resta.

À partir de 1920, Buster coproduit et coréalise ses propres courts métrages. Puis Keaton tourne *Les trois âges* (1923), premier long métrage de sa carrière, un film d'une prodigieuse drôlerie. Et Buster Keaton se forge au fil des rôles un personnage d'une admirable finesse : énergique, élégant et solitaire, il combat l'hostilité d'un monde qu'il finit par dompter grâce à son intelligence. Mais, sous l'influence de productions qui ont déjà parfaitement compris la puissance du marketing, le grand public retiendra surtout le fait que Buster Keaton joue les gags le plus désopilants en gardant un impassible faciès. Il devient donc : l'Homme qui ne rit jamais *(The great stone face,* pour les Américains). Entouré d'une équipe très restreinte de fidèles, Buster a notamment créé *The navigator* (1924) et *The general* (1926). Le premier reste la plus grande comédie burlesque du muet et le second est aujourd'hui considéré comme le film le plus imaginatif du cinéma muet. Dans *The navigator,* Keaton se hisse au même niveau de perfection que Chaplin et Lloyd.

Mais comme nombre de comédiens du muet, l'Homme qui ne rit jamais peine à prendre le virage du cinéma parlant. Vers 1932, un inexorable déclin s'amorce. Accentuée par l'alcoolisme, la disgrâce plonge Buster dans la dépression. Cinq ans plus tard, la Metro Goldwyn Mayer accepte de l'embaucher en qualité de gag-man pour le salaire dérisoire et humiliant de cent dollars la semaine !

En 1947, l'Homme qui ne rit jamais doit même se produire au cirque Medrano, à Paris. Puis, en 1952, Keaton fait une apparition remarquée avec Charlie Chaplin dans son film mélancolique et bouleversant, *Les feux de la rampe.* Et, en 1959, son travail est enfin reconnu à sa juste valeur par un Oscar d'honneur qui récompense l'ensemble de son œuvre.

~

RAYMOND KOPA

(1931-....)

~

Napoléon, Koppita

Joueur de football français, meneur de jeu de l'équipe de France dans les années 1950, Raymond Kopa s'appelait en fait Kopaszewski. Son nom d'usage est donc une parfaite apocope, façon courante de tronquer la fin d'un mot d'une ou plusieurs syllabes. Par exemple, ciné (double apocope de cinéma, lui-même apocope de cinématographe), télé (pour télévision), métro (pour métropolitain), etc.

Né dans le Pas-de-Calais, ce fils d'immigrés polonais est l'un des plus grands footballeurs français. Joueur emblématique du Stade de Reims au temps de sa splendeur (1953-1955), puis premier Français à remporter la Coupe d'Europe des clubs champions avec le Real de Madrid (1957), Raymond Kopa devient Koppita pour les supporters du club madrilène. Quant aux journalistes européens, ils suivent bien volontiers l'intuition de l'un de leurs confrères britanniques du *Daily Express* qui utilise pour la première fois le surnom de Napoléon. Suprématie dans le jeu, qualités de tacticien et petite taille fournissent à l'évidence les éléments de référence à la comparaison.

Napoléon fut le premier Ballon d'or français (1958) et le premier joueur de football à obtenir la Légion d'honneur (1970). Avec l'équipe de France, Kopa a marqué 18 buts en 45 sélections. Il participa à la Coupe du monde de 1958 en Suède (la France termina troisième).

~

L

René Lacoste
(1904-1996)

~

Le Crocodile

Composée de Jean Borotra, Jacques Brugnon, Henri Cochet et René Lacoste, l'équipe de France des Mousquetaires a dominé le tennis mondial à la fin des années 1920 en remportant la Coupe Davis six fois d'affilée (de 1927 à 1932). René Lacoste contribua pour sa part à trois des six victoires (entre 1927 et 1929). En 1927, les Mousquetaires offrent d'ailleurs à la France son premier succès dans cette épreuve, après avoir été finalistes face aux Américains les deux années précédentes. Les États-Unis dominaient alors le tennis mondial puisqu'ils venaient de remporter la Coupe Davis entre 1920 et 1926. Autant dire que la bataille fut de nouveau très rude face à ces mêmes Américains en 1927. Et l'anecdote veut que l'entraîneur de l'équipe de France ait promis une valise en crocodile à René Lacoste en cas de victoire. Celui-ci battra effectivement Tatem Tilden et William Johnston. Dans l'euphorie, la presse s'empare de l'histoire et Lacoste devient le Crocodile.

Meilleur joueur du monde en 1926 et 1927, classé deuxième en 1928 et 1929, René Lacoste ne reste que quatre ans sur les courts (de 1925 à 1929). Mais cette brève carrière ne l'empêche pas d'obtenir un palmarès exceptionnel : trois Internationaux de France à Roland-Garros (1925, 1927 et 1929), deux Internationaux de Grande-Bretagne à Wimbledon (1925 et 1928) et deux Internationaux des États-Unis (Forest Hill, 1926 et 1927). Sans oublier les victoires en double avec Jean Borotra (1898-1994) : trois fois aux Internationaux de France (1924, 1925, 1929) et une fois à Wimbledon (1925).

Surnommé pour sa part le Basque bondissant, Jean Borotra fut le premier joueur français à s'imposer à Wimbledon (1924). Ce polytechnicien, qui fut président de la Fédération internationale de tennis, a aussi remporté le championnat de France sur courts couverts à l'âge de… quarante-neuf ans. Mais un autre Mousquetaire a fait mieux : Henri Cochet (1901-1989). Passé professionnel en 1933, meilleur joueur mondial de 1928 à 1931, cinq fois vainqueur à Roland-Garros et deux fois à Wimbledon, Henri Cochet a joué en compétition jusqu'à l'âge de cinquante et un ans.

Ni Borotra ni Cochet n'ont donc suivi l'exemple de Lacoste qui raccroche ses raquettes dès 1929. À l'âge de vingt-cinq ans, René Lacoste s'appuie alors sur sa notoriété pour lancer une marque de vêtements qui porte son nom. Et il conçoit les fameuses chemisettes en jersey, brodées de son fidèle emblème, un crocodile. Ce vêtement bouleverse les habitudes et va progressivement remplacer sur tous les courts du monde les lourdes chemises blanches à manches longues, certes élégantes, mais assez peu adaptées à un jeu qui vit alors une profonde mutation et qui se transforme en un sport véritable.

~

Albert Lebrun
(1871-1950)

~

Le Sot pleureur, Aux larmes citoyens

Porté à la présidence de la République française en 1932, Albert Lebrun sera réélu en 1939. Plutôt effacé, voire timide, il se définissait comme un « républicain de gauche modéré ». Tout un programme !

Albert Lebrun ne pouvait cacher une émotivité quasi maladive. Ce brillant polytechnicien, major de promotion, pleurait donc facilement. Surtout lors des multiples apparitions publiques (discours, commémorations, inaugurations) qu'imposait sa fonction de chef de l'État. Dans la mesure où l'activité d'un président de la IIIe République se limitait à un rôle de représentation, Albert Lebrun disposait donc de multiples occasions d'écraser une petite larme. De surcroît, il semble bien que le président souffrait d'une légère fragilité oculaire qui entraînait un larmoiement involontaire intempestif dès qu'il devait affronter trop longtemps le grand air. Dans ce contexte, les caricaturistes de l'époque ne se gênèrent donc pas pour le représenter en permanence avec la larme à l'œil dans leurs dessins. Quant aux pamphlétaires, ils le baptisèrent le Sot pleureur. Ou encore : Aux larmes citoyens.

En juin 1940, il fait appel à Pétain, qu'il suit à Vichy. Mais il refuse de démissionner avant que le vote des Chambres (10 juillet 1940) remette tous les pouvoirs entre les mains du maréchal. Le Sot pleureur se tient en marge de la vie politique après la Libération.

~

LÉNINE VOIR OULIANOV

~

Louis XIV
(1638-1715)

~

Le Roi-Soleil

Roi de France de 1643 à 1715, Louis XIV n'a que cinq ans lorsque son père s'éteint. Mazarin et sa mère (Anne d'Autriche) exercent la régence.

À la mort de Mazarin (1661), Louis XIV décide de ne plus déléguer son pouvoir. Et il refuse de choisir ses conseillers parmi la haute noblesse ou le haut clergé. Les Grands du royaume sont alors cantonnés dans une vie de cour. Louis XIV tire ainsi les leçons de la Fronde (1648 à 1653), une révolte des parlements et des princes du royaume qui avaient essayé de profiter de sa minorité pour renforcer leurs propres pouvoirs. Et Louis XIV choisit donc ses proches serviteurs parmi la bourgeoisie. Au passage, il établit leur fortune, les rend bien sûr complaisants et totalement dévoués à sa personne.

Dès lors, Louis XIV gouverne seul. Et même s'il s'entoure de conseillers compétents (Colbert, Louvois, Vauban, Turenne), il concentre tous les pouvoirs entre ses mains, réduit le Parlement à un quasi-silence et ne rate jamais une occasion d'humilier la noblesse. En outre, personne n'ignore plus le soin particulier que met désormais le souverain à cultiver son « moi » dans les multiples démonstrations de sa toute-puissance. Louis XIV met donc en place une monarchie absolue qui vise à affaiblir deux pouvoirs ancestraux : celui des seigneurs du Moyen Âge féodal et celui de la hiérarchie ecclésiastique romaine qui ne manque jamais d'intervenir dans les affaires de l'État dès qu'elle estime que la foi catholique est en danger.

Aussi, jusqu'à sa mort, Louis XIV va-t-il affirmer : « L'État, c'est moi. » Il impose la puissance indivisible et perpétuelle d'un État qui régente et ordonne sans jamais recevoir le moindre reproche. Une puissance souveraine qui repose sur le principe de droit divin. Représentant de Dieu sur la terre, Louis XIV rayonne sur son royaume et illumine son peuple. Il devient la lumière qui montre le chemin, le Soleil qui donne la vie. Bref, à l'instar des planètes qui gravitent autour de leur étoile, tous les sujets du royaume se retrouvent sous l'emprise de ce Roi-Soleil qui gouverne par simple lettre de cachet.

L'exercice de cette monarchie absolue se concrétise aussi par de somptueuses et coûteuses réalisations. Le château de Versailles illustre de manière exceptionnelle le besoin d'afficher aux yeux de l'Europe une volonté de puissance et de prestige. À l'origine simple rendez-vous de chasse de son père, Versailles s'agrandit, se modernise et se transforme pour devenir progressivement la vitrine du Roi-Soleil. Au terme d'un chantier qui s'étale sur plus de quarante ans, Versailles est un véritable symbole de puissance. À partir de 1682, Louis XIV et sa cour s'installent définitivement dans le château. Centre du pouvoir politique et temple du culte royal, Versailles accueille alors chaque jour dix mille courtisans. Et pour donner l'éclat du Soleil à son règne et à la monarchie, le lieu devient le théâtre de fêtes somptueuses.

Certes, ce faste insolent impressionne les cours étrangères, mais il contraste avec la misère du peuple, et notamment celle des paysans. D'autant que les impôts se multiplient, car il faut également financer les campagnes militaires : guerre de Dévolution contre les Espagnols (1667-1668), guerre de Hollande (1672-1679), guerre contre une coalition formée par la Suède, l'Autriche et l'Espagne (1688-1697), guerre de Succession d'Espagne (1701-1713).

Après le décès de la reine Marie-Thérèse (1683), le Roi-Soleil se remarie en secret avec Françoise d'Aubigné, marquise de Maintenon. Puis la fin de ses soixante-douze années de règne, le plus long dans l'histoire de la France, sera marquée par d'autres deuils familiaux. Le fils de Louis XIV, le Grand Dauphin, meurt en 1711. Son petit-fils fils, le duc de Bourgogne (fils du Grand Dauphin), meurt à son tour l'année suivante. Âgé de cinq ans, c'est le fils du duc de Bourgogne, donc l'arrière-petit-fils de Louis XIV, qui devient roi en 1715.

~

M

~

Mao Tsé-toung
(1893-1976)

~

Le Grand Timonier

Le mot timon désigne la barre d'un gouvernail. Et, tout naturellement, le timonier tient cette barre de gouvernail pour guider le bateau. Par extrapolation, le terme s'applique à celui qui surveille les signaux, gère la bonne route du navire et transmet les ordres. Ces définitions s'accordent avec l'action et la personnalité controversées de Mao Tsé-toung, dans une période délicate où près d'un milliard d'individus sortent de coutumes moyenâgeuses pour entrer de plain-pied dans le XXe siècle. Toutefois, en dépit d'inadmissibles excès mis en œuvre pour maintenir le cap aux moments cruciaux du Grand Bond en avant (1958) ou pendant la terrifiante Grande Révolution culturelle prolétarienne (1965-1969), Mao restera aux yeux de l'histoire le Grand Timonier de la Chine.

Principal fondateur de la République populaire de Chine, Mao Tsé-toung (ou Mao Zedong) sert d'abord dans l'armée nationaliste au cours de la révolution de 1911-1912 qui renverse la dynastie impériale mandchoue des Qing. Le Guomindang (en chinois, parti nationaliste) établit alors un gouvernement républicain en Chine. Puis Mao contribue à la formation du Parti communiste chinois (Shanghai, 1921), participe à l'organisation de grèves ouvrières, intègre le Comité central et siège même au bureau exécutif du Guomindang au moment de l'éphémère alliance (exigée par Moscou) entre communistes et nationalistes (1923). Mais une fois la rupture consommée entre les deux mouvements, le Guomindang réprime le soulèvement paysan de la Moisson d'automne dans un effroyable bain de sang (1926-1927).

Réfugié au Jiangxi, Mao continue cependant à porter la bonne parole communiste chez les paysans. Et il constitue une armée populaire. Mais, face à la menace d'encerclement de ses fidèles par les troupes du Guomindang, le Grand Timonier décide de se replier. Commence alors la célèbre Longue Marche. Environ cent mille soldats et partisans communistes quittent le Jiangxi (octobre 1934). Un an plus tard et 12 000 km plus loin, épuisés par les difficultés du terrain, harcelés par les soldats du Guomindang, affaiblis par la faim et la maladie, seuls huit mille survivants atteignent Yanan, dans le Shaanxi. Cette douloureuse retraite se transforme alors en une emblématique victoire morale. Et, en 1949, forts de soutiens ultérieurs, les combattants de Mao auront conquis l'ensemble du pays. Ce succès de la guérilla permet aux communistes de se poser en défenseurs de la nation chinoise. Le Grand

Timonier devient un héros. Le 1er octobre 1949, il proclame l'instauration de la République populaire de Chine. Les nationalistes se réfugient dans l'île de Taïwan.

Dans un premier temps (1953-1957), la Chine de Mao s'aligne sur le modèle soviétique (développement d'une bureaucratie centralisée, industrialisation massive, redistribution des terres, suppression de la classe des propriétaires fonciers, etc.). Mais, en 1958, Mao Tsé-toung veut passer la vitesse supérieure avec la mise en œuvre d'une nouvelle politique baptisée le Grand Bond en avant. Objectif : remplacer l'État bureaucratique par un système de communes locales autonomes. Un programme qui entraîne la rupture du soutien soviétique et qui se solde par un cuisant échec économique. Les projets d'infrastructures échouent et la famine réapparaît.

Toutefois, le Grand Timonier n'a pas dit son dernier mot. Convaincu de la nécessité d'une imposante participation populaire pour établir le socialisme, Mao impose la Grande Révolution culturelle prolétarienne (1965-1969) pour raviver l'ardeur révolutionnaire. Ainsi veut-il s'attaquer aux « quatre anciennes » : anciennes coutumes, anciennes habitudes, ancienne culture et anciennes manières de penser. Résumées dans le *Petit Livre rouge, Les Pensées du président Mao* (1966) circulent dans l'ensemble du pays. Dès lors, un véritable culte s'installe autour de Mao. Mais la Révolution culturelle conduit le pays vers le chaos total.

En 1972, le Grand Timonier de la Chine confie

l'administration courante à Zhou. Touché par la maladie de Parkinson, Mao se retire de la vie politique deux ans plus tard. Il meurt à Pékin le 9 septembre 1976 (voir aussi *La bande des quatre*).

~

Marguerite de Valois
(1553-1615)

~

La Reine Margot

Fille du roi de France Henri II et de Catherine de Médicis, Marguerite de Valois est donc la sœur des souverains François II, Charles IX et Henri III. Le 18 août 1572, Marguerite épouse le chef des huguenots, Henri de Navarre (futur roi de France sous le nom d'Henri IV). Ce mariage possède une forte charge symbolique puisqu'il vise à soutenir les tentatives de réconciliation entre protestants et catholiques. Malheureusement, on sait qu'il n'en sera rien. Car germe alors dans l'esprit de Catherine de Médicis le plus odieux des complots. Elle entend profiter de la présence de nombreux huguenots dans la capitale lors du mariage de sa fille pour ordonner leur extermination. Horrifié par un tel projet, Charles IX refuse. Mais il doit finalement céder. Et devant l'insistance de sa mère, Charles IX lâche cette phrase célèbre : « Tuez-les, mais tuez-les tous pour qu'il n'en reste pas un pour me le reprocher. » Au cours de la nuit du 23 au 24 août, le massacre de la Saint-Barthélemy fait trois mille victimes dans Paris. Et le carnage se propage en province jusqu'en octobre 1572. Abandonné de tous, Charles IX meurt deux ans plus tard. Son frère Henri III lui succède. Mais les troubles ne s'apaisent pas dans le royaume, d'autant que le frère du roi (François d'Alençon, devenu duc d'Anjou en 1576) meurt de la tuberculose en 1584. Commence alors la guerre des trois Henri (voir *Henri de Guise* et *Henri IV*).

Mais, avant d'en arriver là, Marguerite se sentait très proche de François d'Alençon. Prince revêche, laid, taciturne et ambitieux, François jalouse son frère Henri. Et Marguerite va soutenir François dans les multiples conflits qui l'opposent au roi. Elle n'hésite d'ailleurs pas à se mêler aux intrigues et complots de cour. Ce qui lui vaut l'aversion profonde du souverain. Mais le point de rupture survient en 1586 lorsqu'elle prend position en faveur de la Sainte Ligue, un parti d'ultra-catholiques en pleine expansion. Sans attendre, Henri III envoie sa sœur en exil au château d'Usson, dans le Puy-de-Dôme, en Auvergne. Elle y restera vingt ans. Marguerite de Valois revient dans la capitale en 1605, entourée de sa cour. Car bien que son mariage sans enfants fût annulé en 1599 (dix ans après l'accession d'Henri IV sur le trône), Marguerite a conservé son titre de reine. Elle s'installe dans un vaste hôtel de la rive gauche de la Seine (dans le secteur de l'actuelle rue Bonaparte) et joue alors un rôle non négligeable dans la vie culturelle de l'époque. La qualité de ses *Mémoires* et ses *Poésies* témoignent d'ailleurs de son rang de femme de lettres reconnue par ses pairs.

Marguerite de Valois a fréquenté de nombreux écrivains, et, de son vivant, elle a même inspiré Honoré d'Urfé (1567-1625) pour la création du personnage de Galathée dans *L'Astrée.* Ce premier roman-fleuve de la littérature fut publié de 1607 à 1627. Parfois appelé le roman des romans, *L'Astrée* (plus de 5000 pages) s'impose comme une œuvre majeure du XVIIe siècle. Cet ouvrage a connu un succès considérable dans l'Europe entière.

En outre, une sorte de mythe va se construire au XIXe siècle autour de la vie outrageusement romancée de Marguerite de Valois. Essentiellement à cause d'Alexandre Dumas (1802-1870) qui publie un roman et une pièce de théâtre intitulés *La Reine Margot* (1845). Dès lors, se forge une espèce de personnage légendaire dont certaines particularités proviennent des calomnies que véhicula en son temps Théodore Agrippa d'Aubigné (1552-1630). Ennemi juré de Marguerite de Valois, mais ami d'Henri IV, ce talentueux poète baroque protestant a largement contribué à ternir l'image de la reine, notamment dans *Le divorce satyrique.* Dans la mesure où l'œuvre d'Agrippa d'Aubigné connaît un regain d'intérêt auprès des romantiques du XIXe siècle, il n'en fallait pas davantage pour que l'épouse d'Henri IV en fît les frais. Toutefois, dans la dernière décennie du XXe siècle, maints historiens ont clairement démontré qu'il convient de ne pas confondre Marguerite de Valois avec la légendaire Reine Margot.

~

Marie-Antoinette
(1755-1793)

~

L'Autrichienne, Madame Déficit, Madame Veto

Jamais une reine ne fut à ce point impopulaire. Certes, on peut déplorer que le seul fait d'avoir la nationalité autrichienne suffise à rendre Marie-Antoinette, l'épouse de Louis XVI, antipathique aux yeux des Français de l'époque. Mais il faut bien avouer que l'archiduchesse n'entreprit aucune démarche pour tenter de séduire un peuple qu'elle méprisait ouvertement. Et la verve publique lui rendit donc la pareille.

À la fois frivole et hautaine, voire arrogante, mais aussi intrigante, Marie-Antoinette irrite d'emblée la cour et les proches conseillers du roi. On dit même que l'une des sœurs du jeune souverain, Clotilde de France (1759-1802, épouse de Charles-Emmanuel de Savoie), s'empresse de surnommer sa belle-sœur l'Autrichienne. Le ton est donné ! Dès lors, personne ne se gêne donc plus pour colporter d'invérifiables médisances qui trouvent toujours des oreilles accueillantes pour amplifier avec délectation de perfides commentaires. D'aucuns insistent sur son attachement aux intérêts de l'Autriche.

D'autres lui reprochent ses dépenses extravagantes au moment précis où les finances royales atteignent leur plus bas niveau (en raison de la participation française à la guerre d'Indépendance américaine). Survient enfin l'affaire du Collier de la reine (1785) qui achève de ruiner sa crédibilité et la transforme en Madame Déficit.

Là encore, rien n'est simple. Dans cette affaire du Collier de la reine, le cardinal de Rohan se laisse persuader qu'il doit servir d'intermédiaire dans l'achat d'un collier de diamants destiné à Marie-Antoinette. En réalité, Rohan est manipulé par le comte Alexandre de Cagliostro (un aventurier italien, de son vrai nom, Giuseppe Balsamo) et par la comtesse de La Motte-Valois. Tous deux lui montrent de fausses lettres de la reine. On organise même un entretien secret avec une femme de chambre qui tenait le rôle de Marie-Antoinette. Rohan se laisse abuser et commande un collier d'une valeur de 1,6 million de livres. Se disant les envoyés de la reine, la comtesse et son amant récupèrent le somptueux objet que personne ne revit jamais plus. Giuseppe Balsamo et la comtesse de La Motte-Valois font dessertir les diamants qu'ils vendent aussitôt au détail à Londres.

Lorsque le cardinal de Rohan ne peut honorer une échéance, l'affaire éclate au grand jour, et Louis XVI la porte devant le Parlement. Reconnu comme le benêt de l'histoire, le cardinal est acquitté en mai 1786 (mais chassé de la cour) à l'issue d'un procès retentissant. Condamnée à être fouettée, marquée au fer rouge et enfermée à vie, la comtesse de La Motte s'évadera ensuite de la Salpêtrière. Embastillé puis exilé, Balsamo est arrêté à Rome par l'Inquisition. Condamné à mort pour hérésie, sa peine est commuée en prison à perpétuité (Alexandre Dumas père raconte les aventures extravagantes de Cagliostro dans un livre intitulé *Joseph Balsamo*, paru en 1846).

Ce scandale eut un vif retentissement. Non seulement à la cour, mais aussi dans l'ensemble du royaume. Incrédule, le peuple continue de penser que la reine gaspille l'argent de l'État. Bien évidemment, une telle affaire contribue à discréditer la monarchie à l'aube de la Révolution, mais elle vient aussi renforcer l'intime conviction de l'opinion, Marie-Antoinette mérite bel et bien le surnom de Madame Déficit.

Marie-Antoinette épouse le futur Louis XVI à Versailles, en 1770, à l'âge de quinze ans. Ce mariage doit contribuer à renforcer les liens entre Habsbourg et Bourbons. Elle devient reine de France quatre ans plus tard, et lorsque éclate la Révolution de 1789, cette jeune femme distante, qui n'a d'autres soucis que ses toilettes et ses amusements, n'entend rien aux aspirations populaires. D'ailleurs, Madame Déficit refuse immédiatement toute idée de monarchie constitutionnelle. Elle rejette tout compromis avec les révolutionnaires modérés et préfère tenter d'obscures manigances destinées à lever une aide auprès des cours royales européennes susceptibles de porter secours à la monarchie française. Mais le peuple de Paris gronde. Et, les 5 et 6 octobre 1789, une foule déterminée se rend à Versailles pour obliger « le boulanger, la boulangère et le petit mitron » (le roi, la reine et le dauphin) à réintégrer la capitale.

Même si le roi prête publiquement serment de fidélité à la nation lors de la fête de la Fédération, le

14 juillet 1790, il n'en décide pas moins de fuir à l'étranger quelques mois plus tard. Mais cette ridicule tentative de fuite de la famille royale (20-21 juin 1791) et son arrestation à Varennes discréditent définitivement le souverain. Suspendu de ses fonctions, le roi est rétabli un mois plus tard, avec pour tout pouvoir le droit de veto suspensif accordé par la nouvelle Constitution.

Louis XVI va alors utiliser ce droit de veto sur deux décrets de l'Assemblée législative. Le premier voue les prêtres réfractaires (ceux qui ne se rallient pas à la Constitution civile du clergé) à la déportation (27 mai 1792). Le second ordonne la formation d'un camp de 20 000 gardes nationaux près de Paris (8 juin). Ce double veto débouche sur la journée insurrectionnelle du 20 juin 1792. La foule remet une pétition contre le roi à l'Assemblée, puis elle envahit le palais des Tuileries. Des émeutiers pénètrent même dans les appartements royaux, injurient Louis XVI et le coiffent d'un bonnet rouge. Le monarque boit à la santé de la nation, mais, imperturbable, il refuse de céder. Et comme beaucoup imputent cette intransigeance royale à l'inflexible Marie-Antoinette, celle-ci devient aussitôt Madame Veto.

Le 10 août 1792, la prise du palais des Tuileries par le peuple parisien signe la chute de la monarchie. Trois jours plus tard, Louis XVI, Marie-Antoinette et leurs enfants sont emprisonnés au Temple. Le roi est exécuté le 21 janvier 1793. Séparée de ses enfants le 3 juillet, puis transférée à la Conciergerie en août, Marie-Antoinette comparaît devant le Tribunal révolutionnaire le 14 octobre. Madame Veto est guillotinée à Paris le 16 octobre 1793, à trente-huit ans. Juste avant de monter sur l'échafaud, l'Autrichienne perd un soulier et marche sur le pied de son bourreau. Dans un souffle, Madame Déficit lâche : « Monsieur, je vous demande excuse, je ne l'ai pas fait exprès. »

~

Marie Ire Tudor
(1516-1558)

~

Bloody Mary (Marie la Sanglante)

Henri VIII d'Angleterre (1491-1547) répudie son épouse, Catherine d'Aragon (1485-1536), en 1533. Il officialise ainsi sa passion pour Anne Boleyn, une jeune et belle dame de compagnie de la reine. Henri VIII épouse donc la charmante demoiselle d'honneur. De cette union, célébrée par l'archevêque de Canterbury, naquit Élisabeth en 1533. Seulement voilà, Henri VIII et Catherine d'Aragon avaient donné naissance à Marie qu'Anne n'hésite pas à chasser de la cour, la jeune femme devant même reconnaître l'illégitimité de sa naissance. De son côté, le pape déclare en 1534 que le premier mariage d'Henri VIII reste valide, et le roi se sépare de l'Église catholique. Pour sa part, Catherine d'Aragon refuse fermement de renoncer à ses droits et elle habite jusqu'à sa mort le château de Kimbolton.

Cette sombre histoire de famille va encore se compliquer. Car, en 1536, Anne Boleyn est condamnée à mort pour adultère par un tribunal où siège son propre père. Aussitôt, Henri VIII épouse Jeanne Seymour qui donne enfin un héritier mâle à la couronne, le futur Édouard VI (1537-1553). Mais Édouard VI (dernier descendant des Tudor en ligne masculine) meurt à l'âge de seize ans. Marie tient sa revanche ! Elle accède au trône en 1553 sous le nom de Marie Ire Tudor. Mais son mariage avec Philippe II d'Espagne (fils de Charles Quint) provoque une rébellion qui débouche sur un durcissement du régime. Marie impose le retour du catholicisme romain, fait emprisonner sa demi-sœur Élisabeth (la fille d'Anne Boleyn) à la Tour de Londres et persécute les protestants. Sous son règne (1553-1558), plusieurs centaines de personnes accusées d'hérésie sont condamnées à mort. Cette effusion d'hémoglobine bouleverse la communauté des protestants anglicans. Sans autre moyen de s'opposer à ces persécutions, ils attribuent de son vivant à Marie Tudor le surnom de *Bloody Mary* (Marie la Sanglante). Quand elle meurt en novembre 1558, l'Angleterre se réjouit de l'accession sur le trône d'Élisabeth Ire, la Reine vierge (voir à *Élisabeth Ire*). Elle marque son avènement d'un geste fort : le rétablissement de l'Église anglicane.

~

Mata Hari
(1876-1917)

~

La Mouche du Boche

La controverse n'a toujours pas cessé au sujet de l'énigmatique Mata Hari. Pour certains, elle fut une implacable espionne, très active dès 1905, et ses multiples liaisons de demi-mondaine avec des officiers alliés de haut rang lui auraient permis d'obtenir des renseignements militaires stratégiques. D'autres historiens penchent plutôt pour la version d'une ravissante courtisane qui utilise ses charmes pour obtenir des informations de piètre portée. Pour eux, Mata Hari n'aurait donc été qu'une sorte d'espion amateur dont l'action demeura tout à fait négligeable. Le doute subsiste et personne ne saura jamais ce que fut réellement le degré d'implication de Margaretha Gertruda Zelle, une charmante Hollandaise qui épouse, à l'âge de dix-huit ans, un officier de l'armée coloniale néerlandaise d'origine britannique.

En 1895, le couple part en Indonésie et Margaretha s'initie à la danse orientale. En 1903, retour à La Haye et divorce. Puis la jeune femme s'installe à Paris et décide de tenter sa chance sur scène. Elle choisit alors le pseudonyme de Mata Hari (œil du jour en malais) pour présenter des spectacles souvent très dévêtus de danses hindoues et javanaises qui lui valent un succès éphémère.

Mata Hari séjourne à Berlin lorsque éclate la Première Guerre mondiale. Après un rapide passage par Amsterdam, elle s'installe de nouveau à Paris en 1916. C'est à cette période-là que les Allemands utilisent ses « services ». Mais l'agent H21 accumule les maladresses. Margaretha s'essaye au jeu subtil d'agent double dans une sombre mission qui la conduit à Madrid. Et la jeune femme se prend les pieds dans le tapis. Le contre-espionnage français intercepte alors un message dans lequel l'ennemi annonce une prochaine remise d'argent à l'agent H21.

Arrêtée en février 1917, Mata Hari se défend crânement pendant son procès qui se déroule à huis clos devant le troisième conseil militaire au Palais de Justice de Paris (juillet). Margaretha explique que les sommes reçues correspondent à de simples cadeaux offerts par ses amants. Le tribunal juge la défense un peu courte. Mais surtout, dans l'ambiance délétère de l'époque, l'opinion publique réclame des coupables pour venger ses morts. De surcroît, les mutineries dans l'armée ébranlent le moral des Français. Dans un pays devenu exsangue à cause d'une effroyable guerre que beaucoup commencent à juger inutile, il faut rassasier la vindicte populaire. Et l'espionne devient la Mouche du Boche. Le tribunal reconnaît Mata Hari coupable d'intelligences avec l'ennemi. Elle sera fusillée à Vincennes le 15 octobre 1917.

L'expression la Mouche du Boche dérive bien évidemment de la formule jouer la mouche du coche, c'est-à-dire s'agiter inutilement et sans rendre des services efficaces. Un coche était une voiture (plutôt de transport public) tirée par des chevaux. Quant au mot Boche, il désignait alors les Allemands. Ce terme péjoratif, agressif et rempli de haine, n'a pas d'origine certaine. Il puiserait ses racines dans l'abréviation du mot caboche, qui signifie tête. Ainsi, un homme qui a une sacrée caboche est-il particulièrement têtu. Analogie avec les soldats prussiens et, par extension, allemands, réputés pour leur obstination, persévérance, acharnement et combativité. Boche serait donc l'aphérèse de caboche.

Au cinéma, Greta Garbo (*Mata Hari,* George Fitzmaurice, 1932) et Jeanne Moreau (*Mata Hari, agent H 21,* Jean-Louis Richard, 1964) ont interprété le rôle de la mystérieuse héroïne

~

Laurent de Médicis
(1449-1492)

~

Laurent le Magnifique

Située sur l'Arno, au pied de la chaîne des Apennins, Florence fut d'abord une communauté étrusque prospère avant de passer aux mains des Goths, puis des Byzantins et des Lombards, pour devenir un temps (IXe siècle) un chef-lieu du comté toscan. Au XIIIe siècle, la ville se transforme en République indépendante (une sorte de cité-État, à l'instar de Milan ou de Venise).

Des luttes subtiles mais féroces vont alors opposer les familles dominantes. Des clans se forment entre partisans du pape et fidèles de l'empereur, mais cette situation confuse n'empêche pas la ville de prospérer (production de tissus de laine, commerces, artisans, banquiers). Aussi de nombreux Florentins amassent-ils des fortunes considérables, tandis que se creusent d'imposantes inégalités qui débouchent sur de violents conflits sociaux (1433). L'année suivante, Cosme de Médicis, banquier et marchand prospère, s'allie aux classes les plus pauvres. Les Médicis vont diriger la cité-État pendant trois siècles. Petit-fils de Cosme, Laurent de Médicis fait alors de Florence une puissante République. Le florin, pièce d'or de Florence, devient même une devise de référence en Europe et le commerce florentin s'étend dans le monde entier.

Poète de talent, Laurent de Médicis incarne le parfait idéal du prince de la Renaissance. Généreux, ambitieux et habile diplomate, il jouit d'une grande popularité auprès des Florentins qui, de son vivant, le surnomment alors le Magnifique (du latin *magnificus* signifiant : qui fait de grandes choses). Ses contemporains ne mettent pas ici en exergue sa beauté physique mais bel et bien le côté généreux du personnage. Car, au vu des multiples portraits de l'époque, on peut effectivement assurer que ce qualificatif s'appuie avant tout sur les qualités morales et humaines de cet incomparable mécène. Protecteur des arts et des lettres, Laurent le Magnifique attire à sa cour tous les plus grands artistes et intellectuels du temps : les philosophes Marsile Ficin et Giovanni Pico della Mirandola ; les peintres Sandro Botticelli, Michel-Ange et Verrochio ; le poète humaniste Ange Politien.

Après la parenthèse Savonarole entre 1494 et 1498 (prédicateur qui installe une théocratie anti-papale), les Médicis domineront la Toscane jusqu'en 1737.

~

Eddy Merckx
(1945-...)

~

Le Cannibale

Coureur cycliste belge au palmarès impressionnant (le plus beau de toute l'histoire de ce sport), Eddy Merckx a raflé toutes les victoires possibles au cours d'une carrière professionnelle qui dura de 1965 à 1978. Impassible, organisé, tenace et pourvu surtout de qualités athlétiques exceptionnelles, Merckx a remporté avec panache plus de cinq cents courses, dont une trentaine de classiques majeures (trois Paris-Roubaix, sept Milan-San Remo) et de multiples courses à étapes (cinq Tours de France et cinq Tours d'Italie). Sans oublier un record de l'heure et quatre titres de champion du monde (un chez les amateurs et trois chez les professionnels) ! Autant de performances toutes compétitions confondues (fait rarissime dans la discipline) qui valurent à cet ogre insatiable le surnom de Cannibale. Il dévorait tout sur son passage, ses adversaires devant se partager les restes du festin.

Albert II, roi des Belges, lui a conféré le titre de baron en 1996 et une station du métro à Bruxelles porte son nom.

~

Louise Michel
(1830-1905)

~

La Vierge rouge

La vie de Louise Michel fut marquée par un combat permanent aux côtés de ceux qu'elle appelait les « damnés de la terre ». Institutrice, elle s'installe à Paris en 1853 et fréquente aussitôt les cercles d'opposition républicains et socialistes tout en militant pour la reconnaissance des droits des femmes. Louise Michel est déjà très populaire dans son arrondissement, et lorsque éclate la Commune de Paris (du 18 mars au 28 mai 1871), la jeune femme prend tout naturellement la tête de groupes d'émeutiers et devient rapidement l'une des figures emblématiques du mouvement insurrectionnel. Le bouche à oreille évoque son courage et la décrit juchée sur des barricades pour galvaniser la foule en brandissant un drapeau rouge d'une main et, de l'autre, une torche enflammée. Là encore, deux symboles du mouvement. Si l'on ajoute à cette image un long visage émacié et un dévouement sans faille, il n'en faut pas davantage pour que l'égérie de la Commune prenne le nom de Vierge rouge (voir *Les pétroleuses*).

Un impitoyable engrenage a mené jusqu'aux barricades sanglantes de la Commune. Après la bataille de Sedan, l'empereur Napoléon III se rend aux Prussiens, le 2 septembre 1870. Deux jours plus tard, la déchéance du Second Empire et l'instauration de la IIIe République sont proclamées sur la place de l'Hôtel de Ville de Paris. Dans l'Assemblée finalement élue (février 1871), une majorité de députés monarchistes est plutôt disposée à accepter les conditions du chancelier Otto von Bismarck. En revanche, exaltés par leur résistance homérique lors du siège de la capitale (18 septembre 1870-29 janvier 1871), républicains et socialistes parisiens veulent continuer d'en découdre. Et la signature des préliminaires de paix (26 février), qui prévoient, par exemple, l'occupation de l'ouest de la capitale par les Allemands, finit d'exaspérer les Parisiens. Une Fédération des bataillons de la Garde nationale se constitue et arme le peuple en colère.

Commence alors la période connue sous le nom de Commune de Paris. Adolphe Thiers, chef du gouvernement provisoire, décide de désarmer Paris (nuit du 17 au 18 mars 1871). En clair, il veut récupérer les canons de la Garde nationale regroupés à Montmartre et à Belleville (le même jour, il fait arrêter Auguste Blanqui qui s'est retiré à Figeac). Mais la Garde nationale et la foule encerclent la troupe chargée de prendre les canons de Montmartre. Les officiers sont désarmés. Thiers et le gouvernement se réfugient à Versailles.

Le 26 mars, pour combler le vide laissé dans la capitale, les Parisiens élisent un conseil communal qui prend donc le nom de Commune de Paris. Et le mouvement communard fait même tache d'huile en province (Lyon, Marseille, Narbonne, Toulouse, Saint-Étienne). Mais l'action sociale des communards patine. D'interminables débats mettent en lumière de graves divergences idéologiques entre les insurgés. De surcroît, la lutte contre les partisans de Thiers, surnommés les Versaillais, mobilise les esprits. La Commune vote cependant des mesures d'urgence (report du paiement des dettes et des loyers), mais aussi la séparation de l'Église et de l'État, sans oublier la collectivisation des entreprises abandonnées par leurs propriétaires.

À compter du 2 avril 1871, les combats font rage entre une vingtaine de milliers d'insurgés et les cent trente mille soldats de l'armée régulière placée sous les ordres de Mac-Mahon. Le 21 mai, les Versaillais pénètrent dans Paris. Et, jusqu'au 28, s'ensuit l'effrayante répression de la « semaine sanglante ». Les Versaillais refoulent les communards vers l'est de Paris. À mesure qu'elle progresse, l'armée exécute ceux qu'elle arrête. Les communards se vengent en fusillant les otages. Les Tuileries, la Cour des comptes, l'Hôtel de Ville et le Palais de Justice sont la proie des flammes. Les dernières barricades sont anéanties le 28 mai. Combats et exécutions sommaires auront fait 30 000 victimes. Et les insurgés épargnés seront souvent déportés en Nouvelle-Calédonie et en Guyane.

Blessée pendant la semaine sanglante, la Vierge rouge réussit à échapper aux Versaillais. Mais, pour éviter à sa mère d'être emprisonnée, Louise Michel se livre sans hésiter. Condamnée en décembre 1871 et déportée à Nouméa en août 1872, elle se dépense alors sans compter dans l'éducation des jeunes

Kanaks. Amnistiée, elle retrouve Paris en 1880 et, infatigable, reprend la lutte révolutionnaire. La Vierge rouge deviendra une figure légendaire du mouvement ouvrier.

~

François Mitterrand

(1916-1996)

~

Dieu, Tonton, le Sphinx, le Florentin

À l'évidence, lorsqu'il est élu à la présidence de la République française, le 10 mai 1981, François Mitterrand semble sur un petit nuage. Toutes les images de l'époque le prouvent. Mais il ne doit pas son surnom de Dieu à cette extase passagère engendrée par un succès si longtemps recherché. En accédant au plus haut sommet de l'État après deux tentatives infructueuses (en 1965 face au général de Gaulle, puis en 1974 face à Valéry Giscard d'Estaing), le « peuple de gauche » considère cette élection comme une sorte d'avènement. Sans crainte du ridicule, d'aucuns suggèrent qu'une aube nouvelle se lève et ils affirment que la France passe enfin de l'ombre à la lumière. Force tranquille (le slogan de la campagne électorale) et lumière divine enfantent donc le sauveur tant espéré. De surcroît, dans les mois qui suivent la victoire, François Mitterrand se glisse sans difficulté dans un exercice exubérant du pouvoir et de ses fastes. Rien ni personne ne peut lui résister, il est devenu un Dieu tout-puissant qui observe la France de ses hauteurs élyséennes. François Mitterrand souhaite se tenir « au-dessus de la mêlée » et ne veut en aucune façon s'attacher aux combats de la politique subalterne. D'ailleurs, Dieu s'efforce de prendre chaque année un peu plus de hauteur. En effet, accompagné d'une cohorte de lèche-culs patentés, il se rend majestueusement en pèlerinage à la roche de Solutré, près de Mâcon (492 mètres d'altitude).

Dans un premier temps, la presse satirique fera ses choux gras de ce surnom qui sied à merveille aux attitudes hautaines du personnage. Plus tard, ces mêmes journaux vont s'emparer du sobriquet de Tonton. Un terme qui serait d'abord apparu dans les équipes de sécurité du président, puis qui aurait gagné les couloirs de l'Élysée avant de se répandre dans l'opinion publique vers la fin du premier septennat. À la différence de Dieu, Tonton impose une indéniable image de connivence habilement orchestrée par les experts en marketing politique du président. Avec sa canne, ses improbables vestes en velours côtelé et son chapeau à la Léon Blum, Tonton peut entrer dans la famille. Dans toute famille susceptible de se sentir l'héritière de la « génération Mitterrand », slogan de la seconde campagne victorieuse (1988).

François Mitterrand participe à onze gouvernements de la IVe République. En effet, à la tête de l'Union démocratique et socialiste de la Résistance (UDSR), il fait preuve d'exceptionnelles qualités de manœuvrier et sa petite formation parvient à jouer un rôle clé. En de multiples occasions, elle sert de force d'appoint aux coalitions gouvernementales instables de la IVe République. Aussi les journalistes des années 1950 l'affublent-ils du surnom de Florentin, terme qui fait référence aux fourberies et trahisons qui jalonnent la vie politique de la Renaissance italienne, particulièrement à Florence. Par extension, le mot Florentin désigne de manière péjorative un personnage qui aime les intrigues politiques. Et, comme pour tout bon Florentin qui se respecte, François Mitterrand maniait avec un incomparable talent l'art de la duplicité, de l'esquive et du cynisme. Il utilisera d'ailleurs cette machiavélique aptitude jusqu'à la fin de sa carrière d'homme d'État, même lorsque Dieu ou Tonton avaient supplanté le Florentin.

Manipulateur expérimenté, à la fois humaniste et machiavélique, François Mitterrand aimait aussi à brouiller les pistes et à jeter sur certaines périodes de son histoire personnelle un épais rideau de fumée. Parfois, quelques révélations savamment concoctées levaient un pan de voile et le mystère s'éclairait un temps pour de nouveau mieux s'assombrir. Dans cet art consommé des tours, détours et circonlocutions, François Mitterrand gagna également le surnom de Sphinx (au sens figuré, un personnage énigmatique figé dans des attitudes mystérieuses). Et dans moult affaires ténébreuses qui ont jalonné son existence, François Mitterrand sut fort bien utiliser ses qualités conjuguées de Florentin et de Sphinx. Par exemple : décoration de la francisque (1943, distinction réservée aux serviteurs du maréchal Pétain) ; liens d'amitié avec René Bousquet, secrétaire général à la police en 1942-1943 ; affaire de l'Observatoire (attentat contre sa personne jamais élucidé) ; prise de pouvoir au Parti socialiste (congrès d'Épinay, 1971) ; révélation de l'existence de sa fille adultérine par le truchement d'une mise en scène (photos de vacances), etc.

La fin du second septennat se termine dans une ambiance délétère de fin de règne. Atmosphère d'autant plus pesante que la maladie ronge le président. François Mitterrand s'éteint le 8 janvier 1996.

~

Duchesse de Montpensier
(1627-1693)

~

Mademoiselle, la Grande Mademoiselle

Gaston de France (1608-1660), duc d'Orléans, souvent appelé Gaston d'Orléans, est le troisième fils d'Henri IV (1553-1610) et de Marie de Médicis, donc le frère benjamin du roi Louis XIII (1601-1643) qui accède au trône de France en 1610. Lorsque meurt (dès 1611) son autre frère, Nicolas de France, Gaston devient le deuxième fils d'Henri IV et, ainsi, le plus proche héritier de la couronne. Selon l'usage, Gaston prend le titre de Monsieur, appellation donnée au frère du roi.

Mais les ambitions successorales de Gaston d'Orléans s'effondrent en 1638. Cette année-là, après vingt-trois ans de mariage, Louis XIII et Anne d'Autriche donnent enfin naissance à un premier enfant, de surcroît un garçon. Dès sa naissance, le futur Louis XIV sera prénommé Louis-Dieudonné car la venue inespérée du nouvel héritier du trône apparaît à tous comme un don de Dieu. Deux ans plus tard, le couple royal donne de nouveau naissance à un autre garçon, Philippe (1640-1701).

À la mort de Louis XIII en 1643, son fils âgé de cinq ans accède au trône sous le nom de Louis XIV. Mais le frère du nouveau roi, Philippe, ne peut pas s'appeler Monsieur, titre dévolu à son oncle Gaston ! Qu'à cela ne tienne, on donne à Philippe le titre de Petit Monsieur et à Gaston celui de Grand Monsieur. Tout rentre dans l'ordre à la mort de Gaston. Son neveu Philippe prend le titre de duc d'Orléans et peut donc aussi se faire appeler Monsieur. Exit le Petit !

En 1626, Gaston avait finalement accepté d'épouser la richissime Marie de Bourbon, duchesse de Montpensier (union imposée par Richelieu). De ce mariage naquit l'année suivante Anne Marie Louise de Montpensier, cousine germaine de Louis XIV. Malheureusement, Marie de Bourbon meurt en couches et lègue son titre de duchesse et son immense fortune à sa fille qui devient la plus riche héritière du royaume de France. Et la fille de Monsieur devient Mademoiselle. Mais lorsque Gaston accède au rang de Grand Monsieur, Anne Marie Louise de Montpensier prend elle aussi du galon. On la surnomme donc la Grande Mademoiselle à partir de 1643, lorsque Louis XIV devient roi.

Gaston se remarie en 1632 avec Marguerite de Lorraine sans l'assentiment de son frère, Louis XIII. Et l'épouse de Monsieur doit donc s'exiler à Bruxelles pendant dix ans. Quant à la jeune duchesse de Montpensier, qui déteste sa belle-mère, son immense fortune attire tous les plus brillants partis d'Europe. Mais en dépit des multiples projets de mariage échafaudés avec maints princes et souverains, Mademoiselle ne trouve pas chaussure à son pied. Ou, plus exactement, son père Gaston et son cousin germain Louis XIV, jaloux de sa fortune et de son caractère indépendant, s'employèrent à transformer chaque nouvelle tentative en un cuisant échec. Ce qui va d'ailleurs agacer les cours d'Europe et contribuera à discréditer la Grande Mademoiselle.

Malgré leurs divergences familiales, la duchesse de Montpensier rejoint son père dans la Fronde (1649-1653), cette révolte des princes contre le pouvoir royal. Épisode qui lui vaut ensuite d'être exilée sur ses terres de Saint-Fargeau jusqu'en 1657. À partir de cette époque-là, la duchesse de Montpensier se lance dans l'écriture de ses *Mémoires*. Elle publiera des textes d'une agréable facture littéraire et qui ont le mérite de proposer le témoignage sans détour d'une femme de caractère à la fois prisonnière de son rang et des usages de son temps.

~

BENITO MUSSOLINI
(1883-1945)

~

Le Duce

Sur les photographies, Benito Mussolini ressemble à un bouffon d'opérette : menton levé, regard lointain, mains rivées sur les hanches, torse bombé dans des uniformes militaires étriqués et, de surcroît, sanglés avec l'énergie du ridicule. Dans la réalité, Benito Mussolini n'avait vraiment rien d'un comique. Allié d'Hitler pendant la Seconde Guerre mondiale, il a imposé à l'Italie une dictature fasciste de 1922 à 1943.

Exclu du Parti socialiste italien en 1914, Mussolini crée les Faisceaux italiens de combat en 1919, à Milan. Une formation au programme anticlérical et antimonarchiste. Cependant, Mussolini ne parvient pas à se faire élire aux législatives d'octobre 1919. Mais des grèves éclatent à l'été 1920, et Mussolini saisit l'occasion de devenir une sorte de meneur de bandes paramilitaires en soutenant la contre-révolution, les patrons et les propriétaires fonciers. Sur le terrain, ses hommes de main traquent syndicalistes, socialistes, communistes et tous les militants de gauche. Résultat : aux élections de mai 1921, trente-cinq députés de son mouvement entrent à la Chambre des députés. Les Faisceaux de combat deviennent alors le Parti national fasciste. Un an plus tard, il compte 720 000 adhérents.

Fort de cet appui populaire, Mussolini organise alors une grande parade militaire, la marche sur Rome. En partant de différentes régions, environ trente mille Chemises noires (le bras armé du Parti fasciste) se présentent aux portes de la capitale, le 27 octobre 1922. Une démonstration de force inutile puisque le roi Victor-Emmanuel III avait d'ores et déjà décidé de remettre le pouvoir entre les mains de Mussolini. Mais cette marche permet à Mussolini d'entrer symboliquement dans Rome à la tête de ses hommes, le 28 octobre. Il forme un gouvernement dès le lendemain, puis il prendra officiellement le titre de Duce. Le mot vient du latin *dux, ducios* (guide, chef) et *ducere* (mener).

Mussolini impose immédiatement la dictature : dissolution de tous les partis, associations et organisations opposés au fascisme, création d'un tribunal spécial pour juger les délits politiques, suppression des passeports. De surcroît, les députés de l'opposition sont déchus de leur mandat et les exilés perdent leur nationalité et leurs biens. Par ailleurs, à l'instar de tous les tyrans, le Duce s'appuie bien évidemment sur le culte de la personnalité. Il tapisse notamment les murs de son effigie, agrémentée de ce modeste slogan : « Mussolini a toujours raison. » Le fascisme, que le Duce définit comme « une conception religieuse de la vie », s'immisce alors dans tous les rouages de la société (sport, travail, loisirs, culture). Puis Mussolini accentue encore le totalitarisme de son régime lorsqu'il se rapproche d'Hitler (1936).

Renversé en juillet 1943 par le Grand Conseil du fascisme, le Duce est incarcéré sur ordre du roi. Libéré par un commando allemand, Hitler lui permet de créer en septembre 1943 une République fantoche dans le nord du pays occupé par les nazis. Avec l'avancée des Alliés, Mussolini prend la fuite. Des résistants italiens l'interceptent et l'exécutent près du lac de Côme, le 28 avril 1945.

~

Ñ

Napoléon Ier
(1769-1821)

~

Le Petit Caporal

Redingote grise et bicorne noir orné d'une cocarde tricolore qui abrite un regard glacial et perçant, Napoléon Bonaparte a conquis l'imaginaire collectif. Très tôt convaincu par les bienfaits de la propagande, cet habile stratège a façonné son image dès la campagne d'Italie (1796), devenant ainsi, dans tous les esprits, l'emblème de la méritocratie révolutionnaire et l'incarnation du plus parfait modèle de la volonté de puissance.

Dans l'histoire, peu d'hommes ont suscité autant de passions contradictoires. Général, Premier consul (novembre 1799-mai 1804), empereur des Français sous le nom de Napoléon Ier (mai 1804-avril 1814, puis du 20 mars au 22 juin 1815) et conquérant de l'Europe continentale (il transforme Rome, Hambourg, Barcelone ou Amsterdam en chefs-lieux de départements français), Napoléon devient de son vivant une véritable légende. Il impose sa stature d'homme providentiel, célèbre la confiance et l'ordre, incarne la gloire et la fierté nationales.

Issu d'une famille d'origine génoise appartenant à la petite noblesse corse, Napoléon Bonaparte est un enfant turbulent, farouche, batailleur, sauvage, frondeur et orgueilleux. Admis à l'école militaire de Brienne (1779-1784), puis à l'école royale militaire de Paris, il est affecté en garnison à Valence en qualité de lieutenant en second. Il n'a alors que seize ans.

Favorable aux idées révolutionnaires et proche de Maximilien de Robespierre, Bonaparte est nommé chef d'artillerie et affecté au siège de la ville de Toulon qui s'est livrée aux Anglais. Et il reprend la ville le 17 décembre 1793. En récompense, le voilà promu général de brigade (à l'âge de vingt-quatre ans) par le Comité de salut public. En octobre 1795, Barras le charge de réprimer l'insurrection royaliste dirigée contre la Convention. Nouveau succès et nouvelle promotion : cette fois, Bonaparte accède au grade de général de division, commandant de l'armée de l'Intérieur.

Promu commandant en chef de l'armée d'Italie en mars 1796, Bonaparte mène une guerre de diversion et de pillages dans le Piémont et en Lombardie. Tous les spécialistes reconnaissent ici son incontestable talent de stratège qui lui permet de remporter les victoires de Millesimo, Lodi, Castiglione, Arcole et Rivoli. Il prend Venise, s'ouvre les portes de Vienne et contraint l'Autriche et ses alliés à signer la paix (traité de Campoformio, octobre 1797). Dès lors, les récits glorieux des exploits du général Bonaparte se retrouvent dans le *Courrier de l'armée d'Italie*, ou encore dans le *Journal de Bonaparte et des hommes vertueux*. Au travers de telles publications largement diffusées,

Napoléon a savamment orchestré sa popularité. La campagne d'Italie est un véritable triomphe. Mais, parmi les soldats, certains anciens s'amusent gentiment de l'enthousiasme de leur très jeune chef. À vingt-sept ans, il a déjà gravi tous les échelons de la hiérarchie militaire et a obtenu de retentissants triomphes. Aussi, après la victoire de Lodi, vont-ils « élever » leur idole au grade de… caporal (le premier grade après celui de simple soldat). Ils y accoleront affectueusement le mot « Petit » (Napoléon mesurait 1,68 m). Le futur empereur et maître de l'Europe restera toute sa vie le Petit Caporal.

Préoccupé par la notoriété croissante de Bonaparte, le Directoire le nomme à la tête de l'expédition d'Égypte (mai 1798). Bonaparte s'assure le contrôle du pays (occupé par les mamelouks) à la bataille des Pyramides, dans la plaine de Gizeh, à l'ouest du Nil (21 juillet 1798) ; mais l'amiral anglais Nelson détruit la flotte française à Aboukir en août 1798. Seuls deux vaisseaux et deux frégates échappent au désastre. Contraint de faire route vers la Syrie, Bonaparte rejoint finalement la France. Il débarque à Fréjus le 8 octobre 1799 et regagne Paris.

De retour dans la capitale, grâce à l'appui des Jacobins (Sieyès, Talleyrand, Fouché, Murat et Lucien Bonaparte, son frère, président du Conseil des Cinq-Cents), il organise un coup d'État pour (officiellement !) sauvegarder les principes de la Révolution de 1789. En réalité, les membres du Directoire se déchirent, ne maîtrisent plus grand-chose et n'ont quasiment plus aucune autorité. De façon très prosaïque, le Petit Caporal veut rétablir l'ordre et il a compris que le pouvoir était à ramasser. Il possède des alliés de poids et, à l'issue du coup d'État du 18 Brumaire (9 novembre 1799), un Consulat provisoire se met en place (Bonaparte, Sieyès et Ducos). Napoléon devient Premier consul, puis consul à vie en 1802.

Le Petit Caporal prend alors de nombreuses décisions : il réaffirme la liberté d'entreprise, crée la Banque de France, réorganise les finances de l'État, interdit les grèves, fonde l'ordre de la Légion d'honneur, développe l'enseignement public avec la création des lycées, rétablit la censure à l'encontre de la presse. Et il développe une surveillance policière efficace en confiant la Sûreté à Fouché. Bonaparte entreprend aussi une réorganisation de l'appareil administratif et juridique. Il crée la fonction de préfet, et promulgue le Code civil (appelé Code Napoléon), en mars 1804. Et tandis que de nombreux complots se multiplient, le Sénat vote à l'unanimité l'instauration du gouvernement impérial, proclamant ainsi Napoléon empereur héréditaire des Français (18 mai 1804). Le 2 décembre, Napoléon Ier est sacré par le pape Pie VII à Notre-Dame de Paris.

En 1805, l'Angleterre, l'Autriche, la Russie, la Suède et Naples forment la troisième coalition. Nelson inflige au Petit Caporal la cuisante défaite de Trafalgar (octobre 1805). Piqué au vif, l'empereur retourne ses troupes contre les forces austro-russes et remporte la célèbre bataille d'Austerlitz (2 décembre 1805). La Prusse forme alors une nouvelle coalition avec l'Angleterre et la Russie. Elle est battue à Iéna et à Auerstedt (octobre 1806).

Napoléon met de nouveau à contribution la Grande Armée en 1812. En représailles à l'encontre du tsar de Russie qui souhaite s'unir aux aristocraties coalisées, Napoléon prend le commandement de la campagne de Russie. Le 14 septembre 1812, il pénètre dans Moscou. Mais, avec l'hiver qui commence, le Petit Caporal ne peut poursuivre l'armée du tsar. Dans la désastreuse marche du retour, la retraite de Russie, les troupes se perdent dans les eaux glacées de la Berezina.

La Russie, la Prusse, l'Allemagne, l'Autriche et l'Angleterre se liguent contre Napoléon. Les troupes coalisées infligent à l'empereur la sévère défaite de Leipzig (octobre 1813). Un revers qui marque le début du processus d'effondrement de la domination napoléonienne en Europe.

Napoléon se replie en France et abandonne l'Allemagne, la Hollande et la péninsule Ibérique. Les maréchaux d'empire refusent de poursuivre le combat. Déchu par le Sénat, le Petit Caporal abdique le 11 avril 1814.

Le 26 février 1815, Napoléon s'échappe de son « royaume-prison » de l'île d'Elbe. Le 1er mars, il débarque à Golfe-Juan. Le 20, quand il arrive dans Paris, le roi Louis XVIII a déjà fait ses valises. Mais la période des Cent-Jours s'achève par le désastre de Waterloo (18 juin 1815). Napoléon abdique une nouvelle fois, le 22 juin 1815. Louis XVIII revient de son exil à Gand et restaure la monarchie.

Le Petit Caporal est exilé sur l'île de Sainte-Hélène, un rocher d'une centaine de kilomètres carrés, battu par les vents, situé dans le sud de l'océan Atlantique, à deux mille kilomètres à l'ouest de l'Afrique. Napoléon y meurt le 5 mai 1821, dans la ferme de Longwood, près de Jamestown.

~

Napoléon III

(1808-1873)

~

Badinguet, Napoléon le Petit

Éphémère roi de Hollande entre 1806 et 1810, Louis Bonaparte (1778-1846), frère cadet de Napoléon Bonaparte, épouse Hortense de Beauharnais (1802). Un mariage arrangé par l'empereur. Car Hortense n'est autre que la fille du vicomte Alexandre de Beauharnais (guillotiné en 1794) et de Joséphine de Beauharnais (1763-1814), la première épouse de Napoléon Bonaparte. Par cette union, Hortense devient donc la belle-sœur de l'empereur. Du mariage entre Louis Bonaparte et Hortense naîtra Louis Napoléon, le futur Napoléon III (donc neveu de Napoléon Ier).

Élevé par sa mère devenue duchesse de Saint-Leu après la chute du Premier Empire, Louis Napoléon passe sa jeunesse en Suisse. Hortense développe chez son fils le culte de la légende napoléonienne et, au sortir de l'école militaire de Thoune, le jeune homme devient officier d'artillerie de l'armée helvétique. Ainsi, à partir de 1832, Louis Napoléon est le véritable chef du parti bonapartiste.

Fort de quelques soutiens au sein de l'armée, Louis Napoléon tente, en vain, de soulever la garnison de Strasbourg (octobre 1836). Réfugié à Londres après l'échec de ce premier coup de force, il débarque à Boulogne-sur-Mer avec cinquante conjurés (août 1840). Arrêté quelques heures plus tard, Louis Napoléon est condamné à la réclusion perpétuelle et interné au fort de Ham.

Au bout de six années de captivité, Louis Napoléon parvient à déjouer la surveillance des geôliers. En effet, deux ou trois de ses fidèles organisent une évasion rocambolesque. Ils profitent de travaux de rénovation dans le bâtiment pour nouer des contacts avec un maçon, Charles-Auguste Pinguet. Tout acquis à la cause napoléonienne, l'artisan ne se fait pas prier. Il remet au futur empereur sa casquette élimée, ses sabots maculés de plâtre, sa vareuse et son pantalon crasseux. Au moment opportun, lorsque la vigilance des gardiens s'estompe, Louis Napoléon sort sans encombre du fort de Ham dans l'accoutrement du maçon Pinguet. Il gagne Bruxelles, puis Londres. Et dès que cet épisode sera connu, Louis Napoléon deviendra Badinguet, déformation de Pinguet, à moins qu'il ne s'agisse du surnom porté par le maçon. Quoi qu'il en soit, les opposants de Napoléon III l'affubleront du sobriquet de Badinguet pendant toute la durée du Second Empire.

Les trois journées d'insurrection des 22, 23 et 24 février 1848 sonnent le glas de la monarchie de Juillet (voir à ce nom), période qui correspond aux dix-huit années de règne (1830-1848) de Louis-Philippe Ier. Celui-ci, dernier roi des Français, abdique donc le 24 février 1848. Le lendemain, le gouvernement provisoire proclame la République.

L'élection au suffrage universel masculin direct d'une Assemblée nationale constituante (23 avril 1848) donne une Chambre à large majorité modérée. En décembre 1848, le candidat du parti de l'Ordre, Louis-Napoléon Bonaparte, est élu président de la République au suffrage universel. Le coup d'État du 2 décembre 1851, suivi d'un plébiscite (21-22 décembre), débouche sur la proclamation de l'Empire (2 décembre 1852). Le prince-président devient l'empereur Napoléon III.

Convaincu qu'un régime despotique doit favoriser le développement économique et social du pays, Badinguet s'appuie sur les préfets, l'armée et la police pour museler l'opposition. Les fonctionnaires doivent prêter serment de fidélité et la liberté de la presse est supprimée. Ces premières années furent donc celles de « l'Empire autoritaire ». Et la plupart des opposants républicains avaient gagné la route de l'exil, notamment Victor Hugo (1802-1885), le plus féroce et probablement le plus célèbre d'entre eux. Retiré à Jersey, puis à Guernesey, dans sa maison de Hauteville House, Hugo proclame : « Je resterai proscrit, voulant rester debout. » Et pendant ses dix-neuf ans d'exil, tout en se consacrant à son œuvre, le poète va inlassablement vilipender l'empereur. D'abord dans le pamphlet *Napoléon le Petit* (août 1852), puis, notamment, dans les *Châtiments* (1853), poèmes qui dénoncent l'horreur de la répression et la légitimation du plébiscite. Bien évidemment, les opposants de l'Empire vont immédiatement se saisir de cet autre surnom, Napoléon le Petit.

À partir de 1857, Badinguet lâche un peu prise. L'opposition républicaine entre timidement au Corps législatif, puis plus nettement aux élections de 1863.

Confronté au réveil de diverses oppositions, Napoléon III entreprend donc de « libéraliser » quelque peu le régime en faisant ici ou là de maigres concessions et en cherchant surtout à gagner le soutien du monde ouvrier. En mai 1864, il abolit le délit de coalition et, en 1868, il assouplit le régime de liberté de la presse.

Affaibli par la maladie et très mal conseillé, Napoléon III entre en conflit avec la Prusse, le 19 juillet 1870. Cette guerre se termine par le désastre de Sedan. Napoléon III capitule le 2 septembre 1870. Deux jours plus tard, à la faveur d'un mouvement insurrectionnel conduit par Léon Gambetta (1838-1882), le Corps législatif proclame la déchéance de Napoléon III, la fin du Second Empire et la naissance de la Troisième République.

La défaite de 1870 va complètement discréditer Napoléon III et le Second Empire. L'opposition républicaine continuera de présenter Badinguet comme le fossoyeur des libertés et son régime sera longtemps dénigré. De surcroît, aux yeux des monarchistes, Napoléon le Petit a toujours fait figure d'usurpateur. Mais, depuis la seconde moitié du XXe siècle, des historiens reconnaissent désormais le rôle décisif joué par le Second Empire dans le développement de la révolution industrielle française, même si aucune réponse satisfaisante n'a su être donnée à la question sociale.

~

O

Vladimir Ilitch Oulianov
(1870-1924)

~

Lénine

Issu d'une famille de la bourgeoisie, Vladimir Ilitch Oulianov fut profondément marqué par l'exécution de son frère aîné, arrêté et pendu pour avoir participé à un complot visant à assassiner le tsar Alexandre III (1887). Envoyé deux ans en exil chez son grand-père, il regagne Saint-Pétersbourg en 1893, puis rejoint le cercle marxiste (1895). Vladimir fonde alors l'Union de lutte pour la libération de la classe ouvrière et prône l'union des ouvriers et des paysans pour mener un véritable combat révolutionnaire.

Déporté par la police tsariste, Vladimir Oulianov passe trois années en résidence surveillée en Sibérie (1897-1900), sur les bords du fleuve Lena qui prend sa source à l'ouest du lac Baïkal pour se jeter dans l'océan Arctique. Cet exil lui vaut un immense prestige auprès des clubs révolutionnaires et, dès cette époque-là, Vladimir endosse le nom révolutionnaire de Lénine en référence au fleuve Lena. Il ne s'agit donc pas à proprement parler d'un surnom, mais plutôt d'une sorte de pseudonyme puisque Oulianov a lui-même choisi de s'appeler ainsi.

De retour de Sibérie, Lénine émigre en Suisse et, en 1902, il échafaude la première théorie d'un parti marxiste. Jusqu'en 1917, Lénine passe de nombreuses années d'exil en Europe. Surpris par la Révolution russe de février 1917, il traverse l'Allemagne et rejoint Petrograd, un mois après la rébellion des ouvriers et des soldats qui permit de renverser le régime tsariste. Suite à l'échec du soulèvement ouvrier de juillet, Lénine passe en Finlande les mois d'août et septembre, se cachant du gouvernement provisoire. Il publie *L'État et la Révolution,* peaufine son programme de lutte pour passer d'une révolution démocratique bourgeoise (conquête des libertés formelles) à la révolution socialiste (la vraie liberté des ouvriers et paysans) et développe le concept de la dictature du prolétariat, étape indispensable à l'avènement d'une société socialiste. Soucieux d'accélérer le processus révolutionnaire, Lénine fait aussi pression sur le Comité central du Parti bolchevique pour organiser une insurrection armée. Après avoir résisté, le Comité approuve finalement les options de Lénine et un Comité militaire révolutionnaire, sous la direction de Léon Trotski, entre en action dans la nuit du 24 au 25 octobre 1917.

Au soir du 25 octobre, le IIe Congrès des soviets approuve l'insurrection. Le lendemain, Lénine déclare : « Nous allons maintenant procéder à la construction de l'ordre socialiste. » Et, quelques jours plus tard, Lénine devient président du Conseil des commissaires du peuple (chef du gouvernement). Il nationalise les grands conglomérats industriels et les banques et ordonne le partage des terres. Vladimir Ilitch Oulianov doit alors lutter sur tous les fronts (menace des contre-révolutionnaires issus de l'aristocratie tsariste déchue, relations difficiles avec ses voisins européens). Lénine installe donc une dictature de fer, tant sur le plan économique que politique. Il écarte toute opposition, encourage la création d'une police politique, dissout l'Assemblée constituante, insiste sur le principe de l'autorité du parti unique et, finalement, se heurte aux difficultés inhérentes à la construction et la consolidation d'un État ouvrier socialiste dans une Russie paysanne peu développée.

Victime de plusieurs crises cardiaques qui l'immobilisèrent à partir de mai 1922, Lénine mourut à Gorki le 21 janvier 1924. Son corps fut embaumé et placé dans un mausolée, sur la place Rouge, à Moscou.

~

P

Édith Piaf
(1915-1963)

~

La Môme

Future interprète emblématique de la chanson française réaliste, Édith Gassion chante d'abord dans la rue. Elle devient la Môme Piaf en 1935, lorsque Louis Leplée, subjugué par sa voix, l'engage dans son cabaret proche des Champs-Élysées, le Gerny's. Leplée a probablement choisi ce double surnom (Môme et Piaf) en référence à la frêle silhouette de la jeune femme. Une fragilité qui la fait ressembler à une môme des rues, à un moineau au chant ensorceleur. Dès lors, Piaf s'imposera comme le pseudonyme de la chanteuse tout au long de son éblouissante carrière. Et la Môme restera un affectueux surnom, essentiellement utilisé par les journalistes ou les professionnels du disque et du music-hall.

Édith Piaf triomphe à l'ABC (1937), puis joue au théâtre *Le Bel Indifférent* (1940), une pièce écrite pour elle par Jean Cocteau (1889-1963). Elle tourne aussi pour le cinéma, puis s'installe définitivement dans la chanson en travaillant avec les plus grands paroliers et/ou compositeurs de son temps : Michel Émer, Henri Contet, Jean Villard, Michel Vaucaire, Claude Delécluze, Michel Rivgauche, Georges Moustaki, etc. Sa renommée s'étend sur toute la planète. La Môme devient une vedette internationale, et, au sortir de la Seconde Guerre mondiale, Édith Piaf est aussi bien payée que Frank Sinatra (voir à ce nom). Sa générosité naturelle et son immense notoriété vont alors lui permettre de conseiller et de révéler au public de jeunes artistes : Yves Montand, les Compagnons de la chanson, Eddie Constantine, Charles Aznavour, Georges Moustaki, Charles Dumont...

Usée par la drogue et par la maladie, la Môme Piaf s'éteint en 1963, quelques heures avant son vieil ami Jean Cocteau. Une centaine de milliers de personnes suivent ses funérailles, au cimetière du Père-Lachaise.

~

Antoine Pinay

(1891-1994)

~

L'Homme au chapeau rond, Monsieur Confiance, le Sage de Saint-Chamond

Notable catholique de province, Antoine Pinay rassure. Par sa tenue vestimentaire, par sa détermination et par ses attitudes qui le font ressembler à ses propres électeurs de Saint-Chamond (Loire), petite ville dont il fut élu maire dès 1929. Et personne ne le sanctionnera pour ses positions parfois équivoques. En effet, Antoine Pinay apporte un ferme soutien au maréchal Pétain en 1940 et en 1941 ; mais il n'en sera pas moins élu sans aucune difficulté membre de la deuxième Assemblée constituante en1946, puis député. Au lieu de lui porter tort, cette ambiguïté semble agir comme un révélateur. Les électeurs de la France profonde n'ont pas tous été de fervents résistants et ils identifient leurs propres zones d'ombres à celles de Pinay sans lui en tenir rigueur. Un peu comme d'autres le feront plus tard avec François Mitterrand.

Ministre des Travaux publics (1950-1952), puis président du Conseil (mars-décembre 1952), Antoine Pinay devient très populaire lorsqu'il lance le célèbre

« emprunt Pinay » indexé sur l'or et exonéré d'impôt. Dès lors, celui qui porte, l'air bonasse, un éternel petit chapeau rond gagne la confiance et devient tout naturellement l'Homme au chapeau rond ou Monsieur Confiance.

Ministre des Affaires étrangères (1955-1956), puis ministre des Finances (1958-1960), il s'appuie sur son indéniable notoriété économique pour mettre en œuvre le « nouveau franc ». Peu après, en désaccord avec le général de Gaulle, il quitte le gouvernement, mais n'en demeure pas moins l'une des personnalités les plus en vue du paysage politique français. En quête de conseils ou de légitimité, les jeunes loups n'hésitent pas à se rendre en pèlerinage auprès de celui que toute la presse a désormais qualifié de Sage de Saint-Chamond.

~

Raymond Poincaré

(1860-1934)

~

Nabotléon

Avocat de formation, Raymond Poincaré est élu député de la Meuse en 1887. Farouchement attaché à la République, il prend la tête des Républicains de gauche. Président du Conseil (1912-1913), il affiche sa fermeté face à l'Allemagne et se déclare « prêt à faire la guerre ». Convaincu du fait que le conflit sera inévitable, il s'engage rapidement sur la voie d'un rapprochement avec la Grande-Bretagne et la Russie et milite activement pour le réarmement de l'armée. Élu président de la République en 1913, Poincaré devient le principal artisan de l'« Union sacrée » après le déclenchement de la Première Guerre mondiale. Ainsi, tous les partis politiques se regroupent au sein d'un gouvernement d'union nationale. Et, en 1917, alors que tout les oppose depuis longtemps, Poincaré appelle Georges Clemenceau (voir à ce nom) au poste de président du Conseil. Les deux hommes ont en commun le refus de toute paix négociée avec l'Allemagne. Élu sénateur au terme de son mandat présidentiel, Raymond

Poincaré redevient président du Conseil (1922-1924, puis 1926-1929).

Polémiste, journaliste et romancier français, Léon Daudet (1867-1942) fera des descriptions virulentes de la IIIe République. Il s'attaquera donc à Raymond Poincaré, l'un des personnages emblématiques de ce régime. Dans un pamphlet cruel, en référence à la petite taille de sa cible, Léon Daudet n'hésite pas à qualifier Raymond Poincaré de Nabotléon. Mais Léon Daudet ne connaissait pas la demi-mesure. Acquis aux thèses antisémites et au nationalisme maurassien, chacun sait qu'il franchissait souvent la frontière de la polémique pour se vautrer allégrement dans l'insulte gratuite (voir aussi *Édouard Herriot*).

~

R

Arthur Rimbaud
(1854-1891)

~

L'Homme aux semelles de vent

Certes, Arthur Rimbaud a laissé derrière lui une œuvre novatrice et exaltée, l'une des plus originales et des plus riches de la littérature française. Mais la vie de ce poète d'exception a tout autant contribué à construire le mythe rimbaldien.

Épris de voyages, de fugues, de mouvement, d'escapades et de fougueuses aventures, Rimbaud tente de quitter Charleville, sa ville natale, pour rejoindre la capitale secouée par la Commune (1871). Arrêté et transféré à la prison de Mazas, on renvoie l'adolescent dans sa province ardennaise. Cette modeste fugue ouvre le compteur. Car, selon ses biographes, Arthur Rimbaud va parcourir plus de 60 000 kilomètres tout au long de sa courte vie. Et le plus souvent à pied. En 1872, il quitte Charleville pour gagner enfin Paris en six jours de marche forcée. Paul Verlaine (1844-1896) l'attend déjà à bras ouverts : « Venez, chère grande âme, on vous appelle, on vous attend », lui écrit-il dans une lettre de septembre 1871.

Verlaine, homme marié et père de famille, accueille Rimbaud. Dès lors, leur liaison devient publique. Mais Rimbaud ne tient pas en place. Février 1872, il regagne Charleville. Juillet 1872, il séjourne à Bruxelles, bientôt rejoint par Verlaine. Septembre 1872, ils goûtent ensemble aux « paradis artificiels » de l'opium, à Londres, avant de n'en pas finir de se séparer et de toujours se retrouver. Puis leur liaison sulfureuse tourne au drame (juillet 1873) lorsque Verlaine tire deux coups de pistolet sur son amant. Rimbaud ne sera que légèrement blessé et Verlaine est condamné à deux ans de prison. Chez Rimbaud, de nombreux textes des *Illuminations* et de *Une saison en enfer* furent écrits pendant cette période orageuse qui inspire à Paul Verlaine *Romances sans paroles.* Arthur Rimbaud n'a alors que dix-neuf ans et il renonce définitivement à l'écriture. *Illuminations* ne paraîtra qu'en 1886.

Et l'Homme aux semelles de vent (expression propagée par Verlaine) n'en finit pas de bouger. Londres (1874), Italie et Allemagne (1875), puis Marseille et les Indes néerlandaises où il s'embarque comme mercenaire avant de déserter à Java (1876). On le retrouve accompagnateur de cirque en Scandinavie (1877), puis contremaître à Chypre (1878). Enfin, Rimbaud devient négociant en Abyssinie. Atteint d'une tumeur à un genou en 1891, le poète rentre sur une civière depuis les monts du Harar jusqu'à la côte de la mer Rouge. Amputé en arrivant à Marseille, l'Homme aux semelles de vent meurt à l'âge de trente-sept ans.

~

Henri Rousseau
(1844-1910)

~

Le Douanier Rousseau

Au sortir du service militaire, le jeune Henri (un élève médiocre qui a abandonné ses études secondaires) trouve un emploi d'agent municipal de la ville de Paris. Plus précisément, Henri est affecté à l'octroi, un service chargé de percevoir des taxes sur diverses marchandises qui entrent ou sortent de la capitale.

Autodidacte et opiniâtre, Rousseau partage son temps entre l'octroi et la peinture. Il expose au Salon des indépendants à partir de 1886 et gagne la sympathie de Camille Pissarro, Paul Gauguin et Georges Seurat. Tous trois apprécient son talent de coloriste, tandis que d'autres se moquent volontiers de cet amateur sans talent qu'ils couvrent de railleries assez peu élégantes.

Fort heureusement, au Salon de 1894, Henri rencontre le fantasque Alfred Jarry (1873-1907), né comme lui à Laval. Conquis par l'originalité des compositions, le père d'*Ubu roi* mène une véritable campagne pour faire découvrir l'œuvre de son nouvel ami. Amusé par l'ancien emploi du peintre à l'octroi de Paris, Alfred Jarry le surnomme aussitôt le Douanier Rousseau. Et malgré le soutien de personnalités telles que Guillaume Apollinaire (1880-1918), le chemin sera encore long pour que cet artiste déconcertant parvienne à s'imposer. Car, dix ans plus tard, malgré l'invitation de l'avant-garde parisienne au Salon d'automne de 1905, beaucoup (ainsi André Derain) continuent de dénigrer sa peinture, qualifiée de risible et naïve. Il faudra attendre encore deux ans pour que critiques et marchands saluent enfin le travail du Douanier. Quant à Guillaume Apollinaire, il l'appellera aussi le Maître de Plaisance en référence au quartier qu'habitait Rousseau dans le 14e arrondissement de Paris.

~

S

~

George Sand
(1804-1876)

~

La Bonne Dame de Nohant

Fille d'un officier de l'armée impériale mort en 1808, Aurore Dupin passe l'essentiel de sa jeunesse chez sa grand-mère, dans le domaine familial de Nohant (Indre), au cœur du Berry. À l'âge de dix-huit ans, elle épouse le baron Casimir Dudevant. Le couple s'installe à Nohant et deux enfants naissent de cette union. Mais, en 1830, Aurore change brusquement de vie. Devenue la maîtresse de l'écrivain Jules Sandeau, elle décide d'habiter Paris, découvre le milieu littéraire parisien et rencontre notamment Honoré de Balzac et Henri Monnier. Aurore écrit alors un roman avec Jules Sandeau, *Rose et Blanche.* L'ouvrage est signé J. Sand (le J. renvoie à Jules). Puis, en 1832, elle publie son premier roman, *Indiana* (l'histoire d'une femme aimée par trois hommes), sous le pseudonyme de George Sand (apocope de Sandeau). La même année, la publication de *Valentine* lui vaut l'admiration de Chateaubriand. Puis vient *Lélia* en 1833. Ces trois romans au parfum de scandale lui valent bien sûr de vives attaques dans les rangs de la critique conservatrice qui n'accepte pas le ton et le thème avant-gardiste de ces ouvrages qui prônent la liberté de la femme et s'attaquent notamment au sacro-saint mariage. De surcroît, le fait que George Sand porte le pantalon et s'affiche le cigare aux lèvres n'apaise pas les plus virulents.

Commence en 1833 la légendaire et houleuse liaison entre George Sand et Alfred de Musset. Relation qui prend fin en 1835. Deux ans plus tard, elle rencontre Frédéric Chopin (1810-1849). Leur liaison, là encore souvent orageuse, va durer neuf ans.

À partir de 1844, son roman *Jeanne* ouvre la voie d'une série d'ouvrages champêtres : *Le Meunier d'Angibault*, *Le Péché de Monsieur Antoine*, *La Mare au diable*, *François le Champi*. Parallèlement, George Sand s'engage derrière les idéaux socialistes, soutient la Révolution populaire de février 1848, se réjouit de la chute de Louis-Philippe Ier (voir *La monarchie de Juillet)*, salue la naissance de la IIe République, mais condamne fermement la terrible répression des nouvelles émeutes qui ensanglantent Paris entre les 23 et 26 juin : « J'ai honte aujourd'hui d'être française... Je ne crois plus à l'existence d'une République qui commence par assassiner ses prolétaires. » Ce commentaire acerbe rejoint celui de l'ancien souverain français réfugié en Grande-Bretagne : « La République a bien de la chance ! Elle peut tirer sur le peuple. »

George Sand s'installe définitivement à Nohant et révèle dans *La Petite Fadette* sa déception politique. Elle écrit pour le théâtre, rédige sa propre biographie *(Histoire de ma vie)*, puis prend pour cible l'Église *(Les*

Beaux Messieurs de Bois-Doré, Jean de la Roche, Mademoiselle de la Quintinie). Ce qui lui vaut de voir l'ensemble de son œuvre mise à l'index par le Saint-Office.

Dans ses dernières années, George Sand reçoit à Nohant ses fidèles amis (Gustave Flaubert, Alexandre Dumas fils, Théophile Gautier, Franz Liszt, etc.) ; mais elle participe aussi à l'animation culturelle du village et montre une grande générosité de cœur auprès de ses habitants les plus démunis. Aussi la surnomme-t-on la Bonne Dame de Nohant à partir de 1845. Nous sommes là bien loin des féroces diatribes du poète Charles Baudelaire (1821-1867) qui lui vouait une inimitié tenace et qui l'a surnommée dans ses articles Grosse Bête ou encore Fausse Aurore.

~

Frank Sinatra
(1915-1998)

~

The Voice

Fils de modestes immigrés italiens, Frank Sinatra voit le jour dans la banlieue populaire de New York. Vers l'âge de vingt ans, il chante en amateur et court d'affligeants radio-crochets. Nous sommes alors à un moment charnière de l'interprétation musicale sur scène grâce au développement du microphone. Aussi les orchestres (notamment de jazz) peuvent-ils désormais associer plus facilement la voix dans leurs concerts. Et ils cherchent donc de bons chanteurs à la voix grave. C'est ainsi que Frank Sinatra intègre en 1939 la formation du trompettiste Harry James. Le jeune homme sillonne les routes du pays et chante tous les soirs pour 75 dollars la semaine. L'année suivante, le tromboniste Tommy Dorsey l'engage comme chanteur vedette de son orchestre.

En 1942, le crooner se lance dans une carrière solo et celui que ses admirateurs surnomment Frankie accède rapidement au rang de vedette internationale. Sinatra sait à la fois swinguer et faire pleurer les midinettes avec des ballades romantiques. Il joue de sa voix comme d'un véritable instrument, chante avec une parfaite diction inspirée du *bel canto* et enchaîne les succès : *They Say It's Wonderful, Ol' Man River, September Song.* Grâce à ses exceptionnelles qualités vocales, Frankie devient *The Voice* (La Voix). On devrait même plutôt écrire « *The* » *Voice*, pour insister sur la qualité unique de son timbre. Toutefois, Sinatra s'écarte un temps de la chanson pour privilégier sa carrière cinématographique. Il obtient un Oscar en 1954 pour son rôle dans *Tant qu'il y aura des hommes*, puis collectionne de nouveau les succès musicaux : *I'm Walking Behind You, Young-At-Heart, Learnin' The Blues, Witchcraft.* Sans oublier les légendaires *Strangers in the night* et *My way* (adaptation du *Comme d'habitude* de Claude François). *The Voice* chantera jusqu'à l'âge de soixante-dix-huit ans.

~

Agnès Sorel
(1422-1450)

~

La Dame de Beauté

Dès son jeune âge, Agnès Sorel reçoit une éducation qui la prépare à devenir la demoiselle de compagnie d'Isabelle de Lorraine, reine de Sicile, l'épouse de René Ier de Naples, duc d'Anjou et comte de Provence. Vers 1443, lorsque Agnès arrive à la cour de France, Charles VII (1403-1461) remarque cette fort jolie jeune femme âgée d'une vingtaine d'années. Aussi, Agnès Sorel passe-t-elle rapidement du rang de demoiselle d'honneur d'Isabelle de Lorraine à celui de maîtresse du souverain. Et elle devient même la première favorite officielle d'un roi de France. Une nouveauté dans la mesure où, jusqu'ici, les maîtresses des souverains se devaient de rester dans l'ombre.

En fait, mieux valait officialiser cette relation, car la discrétion ne figurait pas parmi les qualités premières d'Agnès Sorel. Elle affiche sans retenue des décolletés épaules nues alors que les usages de l'époque imposent encore voilages et guimpes (corsages au col montant couvrant le cou). Ses coiffures en forme de pyramides touchent aussi parfois aux confins de l'extravagance. Enfin, elle n'hésite pas à porter des robes (brodées de martre ou de zibeline) pourvues de traînes pouvant atteindre huit mètres de long. Troublés, voire offusqués, les chroniqueurs de l'époque n'hésitent pas à parler de ribauderies (terme vieilli proche de débauches).

N'importe, le royaume n'a d'yeux que pour Agnès Sorel et toutes les femmes de la cour s'empressent de l'imiter. Quant à Charles VII, éperdument amoureux, il la comble de somptueux (et somptuaires) cadeaux : étoffes précieuses, tapisseries, bijoux, diamants. De surcroît, le roi la fait comtesse de Penthièvre, châtelaine de Loches ; et il lui offre le château de Beauté-sur-Marne (actuelle commune de Nogent-sur-Marne, en toute proche banlieue est de Paris). Agnès Sorel prend alors le titre de Dame de Beauté. Ce qui lui vaut de son vivant ce surnom doublement mérité. Dans l'une de ses chroniques, Enguerrand de Monstrelet (1390-1453) affirme : « Entre toutes les belles, elle était tenue pour la plus belle du monde. » Et d'expliquer qu'Agnès Sorel fut appelée « demoyselle de Beauté tant pour cette cause » que parce que le roi lui avait offert le château de « Beaulté lez paris ».

Trois filles (que le roi va légitimer) naissent dans les premières années de cette fougueuse liaison. Un fils voit le jour en 1450. Il meurt vers l'âge de six mois, peu après le décès suspect de sa mère. Car la Dame de Beauté va effectivement connaître une disparition mystérieuse.

En 1450, Agnès Sorel veut se rapprocher de son amant qui combat les Anglais en Normandie. Charles VII installe sa favorite dans le manoir de la

Vigne à Mesnil-sous-Jumièges, près de Rouen. Quelques semaines plus tard, elle meurt subitement, à la suite de curieux symptômes qui laissent penser que la Dame de Beauté aurait été victime d'un empoisonnement. D'abord montré du doigt, Jacques Cœur est rapidement mis hors de cause. Dès lors, les soupçons se portent sur le dauphin (futur Louis XI) qui ne supportait pas la liaison de son père. Par ailleurs, d'aucuns affirment qu'Agnès Sorel aurait crânement repoussé les avances du dauphin, puis se serait amusée à conter l'épisode à Charles VII. Cette affaire d'empoisonnement ne sera jamais élucidée. Toutefois, aujourd'hui encore, nombre d'historiens penchent pour la culpabilité de Louis XI.

~

Joseph Staline
(1879-1953)

~

Le Petit Père des peuples

Ne fallait-il pas une propagande excessivement efficace pour qu'un tyran comme Staline soit baptisé le Petit Père des peuples ? Un véritable tour de force pour cet affable moustachu qui envoya de cinq à huit millions de personnes dans des camps de travaux forcés. Le surnom ne manquait cependant pas de circuler dans son propre pays, mais il était surtout très prisé par tous les militants des partis communistes des « pays frères ». Certes, Joseph Staline fit de l'Union des Républiques socialistes soviétiques (URSS) la seconde puissance mondiale et il eut un poids considérable sur le développement du modèle communiste ; mais il fonda cette expansion économique et idéologique sur un système totalitaire qui faisait régner une véritable terreur d'État. Bureaucratie, productivisme industriel, centralisation de toutes les décisions, dictature du prolétariat, culte de la personnalité voué à son dirigeant, ont conduit à la mise en place d'un système de pensée et de gouvernement totalitaire connu sous le nom de stalinisme. Concept qui s'appuyait sur une économie collectivisée et planifiée, mais aussi sur une société dominée par la suprématie du Parti communiste présent dans les rouages les plus intimes de la vie quotidienne. Le tout surveillé d'une main de fer par un implacable appareil policier chargé d'écraser la plus banale velléité de contestation.

Pendant plus d'un quart de siècle (1924-1953), le peuple soviétique allait donc vivre sous la botte de ce fils de cordonnier qui s'appelait en réalité Iossip Vissarionovitch Djougachvili. Membre du Parti ouvrier social-démocrate de Russie, il en rejoint l'aile bolchevique (la plus radicale), puis participe à la révolution de 1905 (insurrection qui mène à la création d'une Assemblée nationale élue, la Douma). Iossip poursuit alors une action militante clandestine et choisit le nom révolutionnaire de Koba (l'indomptable) avant de se fixer, à partir de 1913, sur celui de Staline (l'homme d'acier). Staline s'apparente donc une sorte de pseudonyme, à la différence du Petit Père des peuples qui restera son surnom.

Proche de Lénine (voir à *Oulianov*), Joseph Staline devient en 1912 directeur du journal du parti bolchevique, la *Pravda* (la Vérité), participe à la Révolution d'octobre 1917, puis sera élu secrétaire général du Comité central (1922). Deux ans plus tard, à la mort de Lénine, il élimine habilement les autres candidats à la succession (notamment Trotski), s'empare des rênes du Parti et s'impose en maître absolu de l'Union soviétique. Staline se débarrasse des derniers compagnons de Lénine, met en place une bureaucratie qu'il comble de privilèges et s'appuie sur une police politique (le NKVD) entièrement dévouée à tous ses agissements.

Le Petit Père des peuples établit des plans quinquennaux donnant la priorité à l'industrie lourde, lance la collectivisation des terres au profit des fermes d'État *(kolkhozes)* et des coopératives paysannes *(sovkhozes)* et évince les paysans propriétaires. Et les récalcitrants viennent grossir le flot d'une déportation massive. Fin 1934, s'ensuit une impressionnante campagne d'épuration de tous les opposants. Cette vaste purge touche même les officiers de l'armée. Arrestations sommaires et déportations saturent les camps de travail (les sinistres *goulags*).

Pendant la Seconde Guerre mondiale, Staline concentre entre ses mains tous les pouvoirs militaires et, au prix d'énormes sacrifices humains, il parvient à repousser l'armée allemande jusqu'à Berlin. Dès lors, Staline apparaît comme l'un des grands vainqueurs de la Seconde Guerre mondiale. Aussi obtient-il la reconnaissance d'une sphère d'influence soviétique en Europe de l'Est où il impose le communisme après la chute du IIIe Reich (conférence de Yalta, 1945).

Pendant la période de la guerre froide qui suit l'immédiat après-guerre, le culte de la personnalité atteint son paroxysme et il se conjugue à une paranoïa aiguë qui semble annoncer le retour des sombres heures de la terreur des années 1930. Mais Staline meurt d'une hémorragie cérébrale, le 5 mars 1953.

Aussi extravagant que cela puisse paraître, un peuple tout entier va pleurer la mort d'un dictateur déguisé en Petit Père des peuples. Comme si les crimes staliniens n'avaient jamais existé. Embrigadés et asservis, certains n'ont probablement pas pu les imaginer, tandis que d'autres n'ont pas voulu les voir. Mais, en février 1956, Nikita Khrouchtchev (1894-1971), le nouveau secrétaire général du parti communiste, dénonce les dérives et les crimes de son prédécesseur. La déstalinisation est en marche : le corps embaumé du Petit Père des peuples quitte le mausolée de Lénine ; on débaptise la ville de Stalingrad et on déboulonne les statues de Staline.

~

T

~

Charles de Talleyrand

(1754-1838)

~

Le Diable boiteux

Né à Paris dans une illustre famille de la noblesse, Charles-Maurice de Talleyrand-Périgord disposait d'une aptitude jamais égalée dans l'art de s'adapter aux événements politiques les plus complexes. Député aux États Généraux de 1789, ministre des Relations extérieures du Directoire, puis chef de la diplomatie sous l'Empire napoléonien, Talleyrand contribue au double retour de la monarchie avec le Bourbon Louis XVIII. D'abord en 1814, puis en 1815 (après les Cent-Jours). Ministre des Affaires étrangères de Louis XVIII, Talleyrand va terminer sa carrière politique en soutenant la branche orléaniste qui place Louis-Philippe Ier sur le trône. Avec un talent jamais égalé, Talleyrand se joue donc de toutes les situations, aussi complexes et délicates soient-elles. Il manipule avec doigté la nature humaine et utilise habilement complots, mensonges, chausse-trappes, compliments de façade et autres revirements.

Certains historiens affirment que Talleyrand souffrait d'une maladie génétique dont les séquelles le faisaient boiter de la jambe gauche. Pour sa part, Talleyrand affirmait que ce handicap provenait d'un accident dont il aurait été victime dans sa plus tendre jeunesse. Quoi qu'il en soit, Charles claudique ! Infirmité qui l'empêche d'embrasser la carrière militaire. Aussi s'engage-t-il dans la voie ecclésiastique sans réelle vocation religieuse.

Agent général du clergé de France, puis évêque d'Autun (1788), il joue un rôle décisif à l'Assemblée constituante dans la nationalisation des biens du clergé. Déclaré schismatique par le pape qui l'excommunie, Talleyrand renonce alors à la dignité épiscopale et se sépare de l'Église. Décision qui ne perturbe guère cet homme plus enclin à séduire les jolies femmes qu'à prêcher les rigueurs du dogme religieux. Commence alors pour lui une brillante carrière politique et diplomatique.

Sans scrupules ni remords, Talleyrand sert donc la Révolution et le Directoire, contribue à l'ascension de Bonaparte puis à l'apogée de Napoléon Ier dont il s'écarte en 1807. L'ancien évêque d'Autun va même comploter contre l'empereur qui l'avait comblé de tous les honneurs, le faisant notamment prince de Bénévent (1806), ville d'Italie (nord de Naples) que Napoléon érige en principauté pour son « ami ». Puis Talleyrand se rallie opportunément à la monarchie en 1814, favorise l'accession au pouvoir de Louis XVIII (qui le nomme ministre des Affaires étrangères) et joue un rôle de premier plan dans les négociations du congrès de Vienne. Enfin Louis-Philippe le nomme ambassadeur à Londres de 1830 à 1834.

En mettant son intelligence, son raffinement et sa culture au service d'une roublardise qui ne s'encombre jamais de principes moraux, l'ancien évêque avait basculé dans le camp du diable. Du moins aux yeux de ses congénères. Le diplomate claudiquant devient donc un Diable boiteux, surnom qui se répand vers 1805 et que François René de Chateaubriand (1768-1848) prendra un malin plaisir à propager. D'ailleurs, dans ses *Mémoires d'outre-tombe,* le même Chateaubriand raconte la scène où Talleyrand et Fouché viennent prêter serment à Louis XVIII (6 juillet 1815). Posté dans l'antichambre, François René de Chateaubriand note avec malice : « Tout à coup, une porte s'ouvre ; entre silencieusement le vice appuyé sur le bras du crime, M. de Talleyrand marchant soutenu par M. Fouché. » Quoi qu'il en soit, Talleyrand restera l'un des personnages les plus énigmatiques de l'histoire de France.

En 1948, Sacha Guitry a réalisé un film intitulé *Le Diable boiteux* dans lequel il joue le rôle de Talleyrand.

~

Margaret Thatcher

(1925-....)

~

La Dame de fer

Fille d'épicier, Margaret Thatcher se lance dans la cuisine politique en 1959. Après avoir suivi de brillantes études de chimie à l'université d'Oxford, Margaret Thatcher s'engage dans la voie de la recherche pour ensuite se spécialiser dans le droit fiscal. Un parcours qui prouve que le personnage ne manque pas d'originalité, ni de persévérance.

Portée à la tête du parti conservateur en 1975, Margaret Thatcher est la première femme à devenir Premier ministre dans l'histoire du Royaume-Uni (1979). Elle obtiendra une victoire écrasante aux élections de 1983, puis à celles de 1987. Margaret Thatcher devenait ainsi le premier responsable politique britannique du XXe siècle à accomplir trois mandats successifs de Premier ministre.

Ardente militante d'un libéralisme économique radical, Margaret Thatcher engage de profondes réformes : coupes budgétaires dans les secteurs de la santé et de l'éducation, hausse des taux d'intérêt pour enrayer l'inflation. Mais elle s'attaque aussi au pouvoir des syndicats par la voie législative. Elle mène également une grande vague de privatisations sans jamais infléchir sa ligne de conduite. Ainsi ne bronche-t-elle pas face à la grève de la faim des militants de l'IRA (1981), ni lors de la grève du syndicat des mineurs qui se prolonge pourtant pendant presque un an (1984-1985). Cette attitude rigide et son regard d'acier qui ne laisse jamais entrevoir la moindre émotion lui valurent donc le surnom de *Iron Lady* (la Dame de fer). Certes, sa politique rend le Royaume-Uni séduisant pour les investisseurs ; mais elle crée parallèlement une société à deux vitesses qui accentue les inégalités sociales. Mise en minorité dans son propre parti, lorsqu'elle veut instaurer un nouvel impôt local (la *poll tax*), la Dame de fer démissionne en novembre 1990.

~

Charles Trenet
(1913-2001)

~

Le Fou chantant

D'abord attiré par la peinture et par la réalisation de décors de cinéma lorsqu'il se fixe à Paris en 1930, Charles Trenet rencontre Antonin Artaud, Jean Cocteau et Max Jacob. Puis il met sur pied un duo avec un jeune chanteur-compositeur suisse, Johnny Hess. Charles et Johnny connaissent un petit succès, mais doivent se séparer en 1936, quand Charles Trenet est appelé sous les drapeaux. Dès qu'il retrouve la vie civile, Trenet se lance dans une carrière solo et enregistre un premier disque avec *Je chante* et *Fleur bleue*. Immédiatement conquis, le public lui fait un véritable triomphe. S'ensuit *Boum*, tandis que Maurice Chevalier, alors au sommet de son art, interprète l'une des plus célèbres compositions de Trenet, *Y'a d'la joie*. La presse s'enflamme et encense ce jeune auteur-compositeur-interprète qui bouleverse les références de l'époque. Il livre des textes d'une redoutable efficacité, poétiques ou drôles, mais toujours servis par des rythmes syncopés d'une rare originalité en cette fin des années 1930. S'ajoutent au tableau la jeunesse de l'interprète, mais aussi sa joie de vivre et sa fougue communicative dès qu'il monte sur la scène. Ainsi Charles Trenet devient pour tous le Fou chantant.

Pendant la Seconde Guerre mondiale, Trenet écrit *Que reste-t-il de nos amours ? Débit de l'eau, débit de lait, la Mer, Douce France.* Et, au lendemain de la Libération, le fait d'avoir chanté pour l'occupant lui vaut dix mois d'interdiction professionnelle. Mais le public l'acclame lors de son retour à l'ABC. Puis le Fou chantant se produit à l'Olympia en 1954 pour fêter ses vingt ans de carrière et son dix millionième disque vendu. Il y présente alors *Moi, j'aime le music-hall, À la porte du garage* et *Nationale 7.*

Comme nombre de chanteurs de sa génération, ce monument de la chanson française connaît un trou d'air avec l'arrivée de la vague yé-yé. Mais le public revient vers lui à partir de 1977. Toujours aussi flamboyant et inspiré, le Fou chantant se produit dans les plus grandes salles de la capitale jusqu'en 1999 (Zénith, Théâtre des Champs-Élysées, Châtelet, palais des Congrès, Opéra-Bastille, Pleyel).

~

W

~

John Wayne
(1907-1979)

~

The Duke

Acteur et réalisateur américain emblématique qui a surtout excellé dans les westerns, Marion Robert Morrison prend le pseudonyme de John Wayne lorsqu'il embrasse la carrière cinématographique. En effet, ses parents avaient déjà changé Robert en Mitchell quand ils décidèrent d'appeler précisément leur deuxième fils... Robert. Mais on a aussi trouvé dans certaines biographies le prénom parfaitement faux de Michael.

Lorsque la famille Morrison s'installe à Glendale, en Californie, un pompier de la ville surnomme l'adolescent *little Duke* en référence à l'énorme chien (un airedale terrier) qui s'appelait Duke et dont le jeune homme ne se sépare jamais. Le sobriquet lui plaît tellement que le futur John Wayne l'adopte à la place de Marion. Ainsi, Marion Robert, devenu Marion Mitchell, se transforme-t-il en Duke Mitchell. Plus tard, le succès venu, John Wayne se fera tout naturellement surnommer *The Duke*.

John Wayne acquiert son statut de vedette en 1939 avec *La Chevauchée fantastique*, de John Ford, l'un des grands classiques du western en particulier et du cinéma américain en général. John Wayne deviendra d'ailleurs l'acteur fétiche de John Ford et il jouera dans *Le Massacre de Fort Apache* (1948), *Le Fils du désert* (1948), *La Charge héroïque* (1949), *Rio Grande* (1950), *La Prisonnière du désert* (1955), *L'homme qui tua Liberty Valance* (1961), *Les Cavaliers* (1959) et *La Conquête de l'Ouest* (1963). John Wayne tourna aussi dans des films de guerre comme *Le Jour le plus long* (1961) d'Andrew Marton. Il a également réalisé *Alamo* (1960) et *Les Bérets verts* (1968), film farouchement anticommuniste.

~

DIVERS

La perfide Albion

~

Le mot Albion désignait l'Angleterre dans les textes de l'Antiquité, puis, par extension, la Grande-Bretagne. Le terme figure notamment dans les écrits du naturaliste romain Pline l'Ancien (23-79), auteur d'une célèbre encyclopédie en trente-sept volumes, *Histoire naturelle.* Beaucoup plus tard, vers le XVIIIe siècle, Albion sera accolé de façon péjorative à l'adjectif perfide, qualifiant celui qui manque à sa parole. Un pays ou un individu perfide est déloyal, voire traître, et on ne peut pas lui faire confiance. Dans l'expression « perfide Albion » suinte donc l'animosité tenace qui prévaut depuis des lustres entre ces deux peuples séparés par la Manche.

Albion viendrait du latin *albus,* mot qui signifie blanc. Ce terme ferait référence aux falaises blanchâtres qu'aperçoit tout navigateur qui arrive en vue des côtes du sud de l'Angleterre. On trouve l'expression dans la *Correspondance* (1878) de Gustave Flaubert : « *Et la guerre ? Et les forfanteries de la perfide Albion tournant en eau de boudin ? Farce ! Farce !* » Mais on la rencontre également dans un poème d'Augustin Louis de Ximénès (1728-1817) intitulé « L'ère des Français » (1793) : « Attaquons dans ses eaux la perfide Albion. »

Il convient bien évidemment de ne pas confondre cette perfide Albion avec le plateau d'Albion. Une zone calcaire française située au sud-est du mont Ventoux (Vaucluse). La référence au latin *albus,* qui expliquerait la corrélation entre blanc et calcaire, semble là aussi de mise.

~

La bande des Quatre

~

La bande des Quatre se compose de Jian Qing (épouse de Mao Tsé-toung), Yao Wenyuan, Wang Hongwen et Zhang Chunqiao. Entre 1965 et 1976, ce cercle informel de dirigeants radicaux met en œuvre une politique extrémiste et organise la Révolution culturelle chinoise. Car Mao Tsé-toung (voir à ce nom) veut alors raviver l'ardeur révolutionnaire. D'autant que Liu Shaoqi et Deng Xiaoping ont pris en main la gestion quotidienne du pays. Le Grand Timonier exige donc des jeunes générations qu'elles retrouvent le goût de la véritable lutte révolutionnaire.

La Révolution culturelle commence à l'automne 1965 par une vive critique des intellectuels et universitaires. Et Jian Qing appartient au Comité révolutionnaire qui inspire et conduit le mouvement. À partir de juillet 1966, les Gardes rouges entrent dans le jeu. Il s'agit de groupes de lycéens et d'étudiants chargés de diffuser la bonne parole et qui ne reculent jamais devant l'emploi de la violence pour traquer ceux qui envisageraient de suivre d'autres chemins. En quelques années, la Révolution culturelle parvient à détruire le système éducatif chinois et toute vie intellectuelle. Et tous ceux qui sont jugés réformistes ou contre-révolutionnaires sont livrés à la vindicte des Gardes rouges. Tous entrent en religion et le *Petit Livre rouge* gagne ses galons de Bible. Une fois leur mission de terreur accomplie (entre 1966 et 1969), les Gardes rouges sont renvoyés à leurs études ou aux champs.

Même si la violence de la Révolution culturelle s'éteint à la fin des années 1960, elle prend réellement fin avec la mort de Mao et l'arrestation de la bande des Quatre, les véritables instigateurs du chaos que généra la Révolution culturelle. Avec la disparition du Grand Timonier (9 septembre 1976), la bande des Quatre n'a plus aucune légitimité. Tous sont arrêtés et jugés pour trahison et falsification des instructions de Mao. En 1980, Jiang Qing et Zhang sont condamnés à mort, mais la sentence est commuée en emprisonnement à vie. Wang est emprisonné à vie (il meurt en 1992) et Yao doit purger une peine de vingt ans de prison (il meurt en 2006). Jiang Qing se serait suicidée en prison, le 14 mai 1991.

~

Les bonnets rouges

~

La révolte des paysans bretons qui éclate en juillet 1675 est connue sous le nom de révolte des bonnets rouges. On imagine sans difficulté que l'expression fait référence aux bonnets rouges que portaient les insurgés. En réalité, le soulèvement breton prit une ampleur considérable et spécifique, tandis qu'éclatait un large mouvement de contestation dans tout l'ouest de la France (avril à septembre 1675). Rébellion connue sous le nom de révolte du papier timbré.

En effet, en avril 1674, Louis XIV lève une taxe sur le papier timbré, papier obligatoire dans la signature de différents actes officiels (testaments, contrats de vente, registres d'état civil). Puis, en septembre 1674, de nouvelles taxes touchent cette fois le tabac et les objets en étain. Tous ces nouveaux impôts frappent de plein fouet la population paysanne déjà confrontée à de grosses difficultés économiques.

La révolte du papier timbré débute à Bordeaux vers la fin du mois de mars 1675. La ville est aux mains des émeutiers et son Parlement doit suspendre les nouvelles taxes, tandis que les violences touchent des villes comme Rennes, Nantes, Guingamp, Fougères, Dinan, Morlaix et Saint-Malo. Puis l'insurrection des bonnets rouges gagne les campagnes, notamment dans la baie de Douarnenez ou dans les alentours de Landerneau et de Carhaix. Ici, le mécontentement du peuple face à la levée de nouvelles taxes se conjugue à sa haine de l'aristocratie locale. La violence atteint son paroxysme au début du mois d'août : les châteaux sont assiégés ou pillés et des seigneurs sont tués ou pris en otages. Dans la région de Pontivy, à la tête d'un petit millier de bonnets rouges, Sébastien Le Balp mène de redoutables actions. Mais ce leader charismatique est tué par surprise, dans d'étranges circonstances, et sa mort met fin à l'insurrection. Et même si les villes fortifiées forment autant d'îlots de résistance (Concarneau, Pont-l'Abbé, Quimper, Brest et Guingamp), les troupes royales rétablissent l'ordre en septembre.

~

Les camisards

~

Sous l'impulsion de Louis XIV, dont l'absolutisme va se nicher jusque dans le souci de régenter comme il l'entend les pratiques religieuses, le marquis de Louvois mène avec application à partir de 1681 une féroce persécution des protestants connue sous le nom de dragonnades (voir à ce nom). Et, fort du succès de ces indignes représailles, le Roi-Soleil décide tout bonnement de révoquer l'édit de Nantes (1685).

Bien évidemment, les persécutions se poursuivent afin de soumettre les derniers réfractaires, dont certains trouvent refuge dans la région montagneuse des Cévennes. On va les appeler les camisards parce qu'ils portent une chemise blanche (du languedocien *camiso*, chemise) par-dessus leurs armures. Menés par un certain Jean Cavalier (fils de boulanger), les camisards pratiquent en fait de véritables actions de guérilla à l'encontre des troupes royales entre 1702 et 1705.

Tout commence (juin 1702) par l'assassinat de l'abbé du Chayla. Par la suite, des églises catholiques sont incendiées et leurs prêtres tués ou forcés à fuir. La répression des troupes royales dirigées par le maréchal de Montrevel ne donne aucun résultat probant.

En 1704, le nouveau commandant des forces royales rencontre Jean Cavalier et parvient à négocier avec lui. Le chef des camisards se soumet à Nîmes (mai 1704). Geste qui ne calme absolument pas l'insurrection des camisards qui exigent la restauration intégrale de leurs droits garantis par l'édit de Nantes de 1598. Certes, le feu couve toujours, mais les chefs qui succèdent à Jean Cavalier n'ont probablement pas sa stature et tous trouvent rapidement la mort. Quant à la flamme qui renaît en 1709 dans le Vivarais, elle sera aussitôt éteinte par les troupes royales.

~

La capitale des Gaules

~

La Gaule (*Gallia* en latin) est le nom que les Romains donnaient à un vaste territoire dépassant largement les frontières actuelles de la France. Un ensemble bordé par les Pyrénées, l'océan Atlantique, la Manche, le Rhin, les Alpes et la Méditerranée. La première mention de la Gaule, peuplée de tribus celtes, remonte à environ 600 av. J.-C., lorsque des Grecs phocéens fondent une colonie à *Massalia* (Marseille). Les Grecs appellent par la suite le pays *Galatie,* qui devient donc *Gallia* à l'époque romaine. Les Romains ont ensuite distingué la Gaule Transalpine (située au-delà des Alpes) de la Gaule Cisalpine (Italie du Nord).

En 52 av. J.-C., Jules César (100-44 av. J.-C.) met fin à l'insurrection dirigée par Vercingétorix qui doit capituler après le siège d'Alésia (la commune actuelle d'Alise-Sainte-Reine, en Côte-d'Or). Cette défaite du chef de la tribu des Arvernes, qui avait su fédérer de nombreux peuples gaulois, marque la fin de la résistance contre l'envahisseur romain. En 51 av. J.-C., la souveraineté de Rome s'établit sur l'Europe centrale et occidentale à l'ouest du Rhin. Et Jules César devient l'homme fort de la situation. Crassus (l'un des trois dignitaires du triumvirat César-Crassus-Pompée) a été tué à la bataille de Carrhes (53 av. J.-C.) et seul Pompée peut contester son ambition. D'autant qu'il se fait nommer consul unique par le Sénat (52 av. J.-C.). En janvier 49 av. J.-C., César refuse de céder. *Alea jacta est* (Le sort en est jeté), il franchit le Rubicon, marche sur Rome, pousse Pompée à quitter l'Italie et l'écrase à Pharsale. L'Égypte devient un protectorat romain et il en offre le trône à Cléopâtre. César est au faîte de la gloire et il peut légitimement affirmer : *Veni, vidi, vici* (Je suis venu, j'ai vu, j'ai vaincu).

Mais revenons à notre Gaule transalpine. En 43 av. J.-C., l'un des lieutenants de César fonde une colonie romaine au confluent du Rhône et de la Saône, au carrefour des grandes voies de circulation de l'Occident romain. D'abord connue sous le nom *Colonia Copia Lugdunum*, la cité se développe très rapidement.

Puis, en 27 av. J.-C., l'empereur Auguste (63 av. J.-C. -14 apr. J.-C.) divise la Gaule en quatre provinces placées sous l'autorité de l'administration impériale : la Gaule Narbonnaise, l'Aquitaine, la Gaule Lyonnaise, et la Gaule Belgique *(Gallia Belgica)*. Une organisation qui perdure jusqu'au début du IVe siècle. Et, au sein de cette configuration, Auguste désigne *Lugdunum* comme point de départ des cinq grandes routes impériales vers l'Aquitaine, l'Italie, le Rhin, Arles et l'océan. Installée dans un endroit éminemment stratégique, la cité s'impose logiquement comme capitale de la Gaule Lyonnaise ; mais elle devient aussi le siège du pouvoir impérial pour l'ensemble des provinces gauloises. *Lugdunum* prend alors le surnom de *Caput Galliarum*, Capitale des Gaules. Périphrase qui se prolongera jusqu'à aujourd'hui pour désigner la ville de Lyon.

~

La Chambre introuvable

~

La période des Cent-Jours prend fin avec la cuisante défaite de Waterloo (18 juin 1815). Du même coup, l'Empire s'écroule définitivement. Exilé à Gand, Louis XVIII (1755-1824) retrouve le trône qu'il avait occupé pendant la période que l'on appellera Première Restauration.

Dès son retour en France, le souverain décide de dissoudre la Chambre des représentants qui avait été élue pendant les Cent-Jours. Et, en août 1815, un résultat surprenant sort des urnes. En effet, sur les 402 sièges à pourvoir, 350 reviennent à des députés royalistes convaincus, voire extrémistes. À l'annonce des résultats, le roi s'écrie : « C'est une Chambre introuvable. »

Modéré et plutôt favorable à une politique de réconciliation, Louis XVIII comprend aussitôt que cette majorité écrasante va tenter de rétablir les abus de l'Ancien Régime et qu'elle souhaite effacer au plus vite tous les acquis de la Révolution. Effectivement, ces nouveaux députés, plus royalistes que le roi, organisent sans attendre une Terreur blanche qui se répand dans le pays pour chasser les anciens fidèles de Napoléon Ier.

La Chambre introuvable s'oppose à une loi d'amnistie et développe un climat de peur généralisée : épuration de l'administration, préfets surveillés, fonctionnaires espionnés, justice téléguidée par le pouvoir politique. La Chambre introuvable vote une loi de sûreté générale et une loi interdisant les discours et écrits séditieux. Sans oublier le rétablissement des sinistres cours prévôtales (à la fois civiles et militaires) qui prononcent des jugements arbitraires et sans appel.

Inquiet par le retour d'une telle politique profondément réactionnaire, mais aussi profondément excédé par l'exaltation de ces députés ultraroyalistes, Louis XVIII signe l'ordonnance de dissolution de la Chambre introuvable, le 5 septembre 1816. Mais l'ouverture libérale ne va durer que quatre ans. Car le régime se durcit de nouveau en 1820 et une nouvelle loi électorale favorise le retour des ultraroyalistes. En 1825, un an après la mort de Louis XVIII, ils poussent le nouveau souverain, Charles X, à renouer franchement avec la politique de l'Ancien Régime. Une attitude qui mènera tout droit vers l'insurrection (voir aussi *La monarchie de Juillet* et *Les Trois Glorieuses).*

~

Les Chouans

~

La Chouannerie voit le jour en 1791 sur une grande partie de la Bretagne avant de s'étendre à l'Anjou et au Maine. Les Chouans combattent la Révolution et veulent restaurer l'Ancien Régime. Ils mènent donc une sorte de guérilla contre-révolutionnaire en s'appuyant sur une parfaite connaissance du terrain relayée par d'indéfectibles soutiens de tous ordres (cachettes, renseignements, embuscades) au sein de la population locale. Cette guerre civile durera jusqu'à la fin du XVIIIe siècle.

L'un des chefs de ce mouvement, Jean Cottereau, s'adonne à la contrebande du sel. Il appartient donc à une sorte de confrérie, celle des faux-sauniers que la libéralisation du commerce du sel avait ruinés. À l'origine, pour mener à bien ses forfaits, ce petit groupe dispose d'un signe de ralliement : le cri du chat-huant. La contraction du mot donnera chouan. D'ailleurs, Jean Cottereau se fait appeler Jean Chouan. La Chouannerie vient de naître dans un environnement qui ne manque pas de cristalliser le mécontentement. Ainsi, les paysans pauvres, les réfractaires au service national (décret de février 1793 sur la levée de 300 000 hommes) et les contestataires de la politique religieuse de la Révolution rejoignent-ils aussitôt les rangs de la Chouannerie.

Pour simplifier, les Chouans sévissent dans une zone située entre Saint-Brieuc, Lorient, Le Mans et Alençon. Et tous sont imprégnés d'une ferveur religieuse anti-républicaine. Mais, à la différence de l'insurrection contre-révolutionnaire menée en Vendée (1793-1796), la Chouannerie ne dispose pas d'une véritable armée comparable à celle de Jacques Cathelineau, baptisée armée catholique et royale. Ainsi, jamais les Chouans ne s'assureront le contrôle de territoires. Cependant, leur motivation reste la même que celle des Vendéens. Car toute la paysannerie de l'Ouest n'adhère pas aux idéaux révolutionnaires et se sent proche du bas clergé et de la noblesse.

Imprévisibles car organisés dans les campagnes de façon souple, diffuse et mobile, les Chouans opposent une résistance certaine jusqu'au début de l'Empire napoléonien.

~

La cité des doges

~

Le doge était le premier magistrat de plusieurs républiques italiennes, notamment celle de Venise à l'embouchure du Pô et de la Piave, dans une lagune séparée de la mer Adriatique par un cordon de sable et de terre appelé le Lido. La ville s'organise dès le Ve siècle, lorsque les habitants du nord de l'Italie se réfugient sur les îles de la lagune vénitienne pour échapper aux tribus teutoniques qui envahissent le pays. Ils fondent alors un gouvernement autonome composé de douze tribuns qui représentent les douze îles principales de l'endroit. Puis les Vénitiens fondent donc une sorte de ville-république.

En 697, ils élisent le premier doge, Paolo Lucio Anafesto. Vers la fin du Xe siècle, Venise entreprend de commercer avec les Sarrasins et la république se transforme en un gigantesque centre de commerce avec l'Orient. Trois siècles plus tard, Venise rayonne sur l'ensemble de la Méditerranée, puis s'impose comme la plus grande puissance navale du monde chrétien au

XVe siècle. Toujours dirigée par des doges, la ville-république connaît donc un essor économique, politique et culturel considérable et elle devient fort logiquement la cité des doges. La République vénitienne sera conquise par Napoléon Bonaparte en 1797 qui livre le territoire à l'Autriche. Le dernier doge de la cité fut Ludovico Manin.

Le doge préside le sénat, commande l'armée et nomme ses administrés aux fonctions civiles et ecclésiastiques. Mais il ne prend aucune résolution sans l'assentiment du Conseil des Dix. En résumé, il incarne l'État dont il se veut le premier serviteur. Par ailleurs, un doge n'a pas le droit d'abdiquer, doit dissimuler ses armoiries, ne peut accepter de cadeaux ni quitter son palais sans motif officiel.

Érigé au XIIe siècle à l'extrémité de la place Saint-Marc, le palais des doges fut le siège du gouvernement de la République vénitienne jusqu'en 1797. Sa façade sud est composée de marbre rose et blanc.

~

La cité des papes

~

Pendant la deuxième moitié du XIIIe siècle, le pape prend parfois l'habitude de résider hors de Rome. Par exemple, entre 1245 et 1251, Innocent IV séjourna plusieurs années à Lyon.

En 1305, un pape d'origine française est élu : Bertrand de Got, archevêque de Bordeaux. Devenu Clément V, il s'installe à Avignon en mars 1309. Son entourage affirme que sa sécurité ne semble pas assurée en raison des troubles qui sévissent en Italie (clans rivaux en proie à des émeutes quasi permanentes). Accueilli dans le couvent des dominicains d'Avignon, Clément V ne pense pas rester définitivement dans la ville. En fait, il meurt sur place et de nombreux papes vont s'y succéder jusqu'en 1422 faisant ainsi d'Avignon la cité des papes : Clément V (1305-1314), Jean XXII (1316-1334), Benoît XII (1334-1342), Clément VI (1342-1352), Innocent VI (1352-1362), Urbain V (1362-1370), Grégoire XI (1370-1378), Clément VII (1378-1394) et Benoît XIII (1394-1423).

L'installation du pape et de sa cour va engendrer un exceptionnel essor économique et culturel pour la cité qui devient l'une des plus grandes villes d'Europe et probablement la plus cosmopolite.

Jean XXII s'installe dans le palais épiscopal, puis Benoît XII fait construire par l'architecte Pierre Poisson le palais des papes. L'édifice abrite cinq cents personnes (administrations, domestiques et soldats). Clément VI fera doubler la superficie du bâtiment par Jean de Loubières. Au milieu du XIVe, la prospérité avignonnaise rayonne dans tout l'Occident chrétien.

La mort de Grégoire XI ouvre une période trouble pour la papauté. Sous la pression d'émeutiers romains, le collège des cardinaux élit un pape italien qui prend le nom d'Urbain VI. La régularité de cette élection est mise en doute et un nouveau vote des cardinaux désigne Clément VII.

Établi à Rome, Urbain VI ne démissionne pas et Clément VII s'installe donc à Avignon en 1379. Au gré des avantages qu'ils peuvent en tirer, les souverains de la chrétienté soutiennent l'un ou l'autre pape.

Élu en 1394, Benoît XIII est le dernier pape à résider à Avignon. Il est déposé par le concile de Constance, en 1417 (concile qui met fin au Grand Schisme) mais refuse de démissionner. Peu à peu, les papes romains s'imposent et Avignon se transforme en simple possession du Saint-Siège. Rome retrouve la totalité des compétences de capitale de la chrétienté catholique.

Soulignons au passage que l'on doit dire et écrire « à Avignon » et non pas « en Avignon ». Même si la formule semble admise par certains et même si la docte

Académie française n'en condamne pas formellement l'utilisation. Écartons d'emblée ceux qui prétendent que la tournure « en Avignon » serait due au hiatus en « a ». Ridicule ! Doit-on dire en Amiens, en Aix, en Albi, en Arras, en Amboise ? Là aussi, sous prétexte d'un hiatus en « a ». Bien sûr que non.

Plus sérieusement, on peut penser que la formule dérive d'une époque où l'on disait vivre en Avignon comme d'autres vivaient en Languedoc ou en Provence. Car Avignon disposait alors du statut d'État pontifical appartenant au Saint Siège. Au XIVe siècle, il couvrait plusieurs communes. Autre exemple, on habite en Anjou, mais à Angers. L'utilisation de la tournure « en Avignon » fait donc figure d'archaïsme.

La même tournure, la remarque (et la même explication) s'appliquent pour Arles qui a aussi été un État souverain.

~

Les communards

~

Du 18 mars au 28 mai 1871 les Parisiens mettent en place un gouvernement insurrectionnel qui prend le nom de Commune de Paris. Et ceux qui animent et participent activement à ce vaste mouvement de rébellion populaire prennent tout naturellement le nom de communards. Une singulière succession d'événements va mener les Parisiens jusqu'aux barricades sanglantes de la Commune. Le désastre de Sedan face aux Prussiens (2 septembre 1870) entraîne, deux jours plus tard, la déchéance du Second Empire et l'instauration de la IIIe République. Dans l'Assemblée élue en février 1871, une majorité de monarchistes entend accepter les conditions du chancelier Otto von Bismarck. À l'inverse, républicains et socialistes parisiens veulent continuer d'en découdre. Il faut dire que leur résistance héroïque pendant le siège de la capitale (18 septembre 1870-29 janvier 1871) a déchaîné la haine et les passions. C'est alors qu'une Fédération des bataillons de la Garde nationale se constitue et arme le peuple en colère.

Chef du gouvernement provisoire, Adolphe Thiers décide de désarmer Paris (nuit du 17 au 18 mars 1871). Mais la Garde nationale et la foule encerclent la troupe chargée de reprendre les canons de Montmartre. Les officiers sont désarmés. Thiers et le gouvernement se réfugient à Versailles. Le 26 mars, pour combler le vide laissé dans la capitale, les Parisiens élisent un conseil communal qui prend donc le nom de Commune de Paris. Mais d'interminables débats mettent en lumière les profondes divergences idéologiques qui existent entre les communards. En outre, la lutte contre les partisans de Thiers, surnommés les Versaillais, mobilise les esprits.

À compter du 2 avril 1871, une vingtaine de milliers d'insurgés s'opposent aux cent trente mille soldats de l'armée régulière placée sous les ordres de Mac-Mahon. Le 21 mai, les Versaillais pénètrent dans Paris où se dressent plus de 500 barricades. Jusqu'au 28 mai, s'ensuit l'effrayante répression de la « semaine sanglante ». À mesure qu'elle refoule les communards vers l'est de la capitale, l'armée exécute ceux qu'elle arrête (424 fédérés au parc Monceau et à Montmartre). Les insurgés répliquent en fusillant leurs otages (dont l'archevêque de Paris, Mgr Darboy). Les Tuileries, la Cour des comptes, l'Hôtel de Ville et le Palais de Justice sont la proie des flammes. Les dernières barricades tombent le 28 mai. Le lendemain, les insurgés du fort de Vincennes capitulent : la Commune a vécu.

Environ trente mille communards furent tués au combat et 3 500 exécutés sans jugement. On dénombrera un millier de victimes dans les rangs des Versaillais. En outre, sur les 38 000 insurgés arrêtés et jugés en conseil de guerre, 12 500 sont incarcérés ou déportés en Nouvelle-Calédonie et en Guyane.

Certains ont vu dans le mouvement communard une sorte de première révolution prolétarienne. Certes, il y a là des accents susceptibles de s'approcher du discours théorique de la lutte des classes. Il ne faut cependant pas perdre de vue que la Commune fut à l'origine un mouvement patriotique qui mobilisa boutiquiers, artisans et salariés de la pré-industrialisation. Dans la même veine que les précédentes insurrections de 1789, 1830 et 1848. D'ailleurs, l'éphémère Conseil de la Commune ne compte que de rares ouvriers. Toutefois, l'impitoyable répression menée pendant la semaine sanglante a largement contribué à fortifier le mythe unificateur du mouvement ouvrier. De surcroît, la Commune a su mettre en lumière l'éternel combat du petit peuple et des laissés-pour-compte finalement anéantis par la puissance du pouvoir. Et rien ne peut mieux symboliser cette résistance, universelle et parfois muette, que l'émouvant Mur des fédérés, ce mur d'enceinte du cimetière du Père-Lachaise. Le 27 mai 1871, l'avant-dernier jour de la semaine sanglante, les troupes versaillaises traquèrent les communards dans le cimetière. Les survivants de ces derniers combats ont été exécutés contre ce mur d'enceinte. Le Mur des fédérés commémore avant tout le souvenir des victimes de la répression de la Commune de

Paris ; mais il reste aujourd'hui un lieu de mémoire pour tous ceux qui portent avec dignité les idéaux d'un combat juste (voir aussi *Louise Michel* et *Les pétroleuses*).

~

Les croisés

~

Lors du concile de Clermont (1095), le pape Urbain II lance un appel solennel à la noblesse chrétienne. Il lui demande de porter secours aux chrétiens d'Orient et de délivrer sans attendre les Lieux saints de Palestine (et notamment le tombeau du Christ à Jérusalem) occupés par les musulmans. Des pèlerinages armés vont donc s'organiser. Les chevaliers, qui ornent leurs vêtements d'une croix d'étoffe, vont tout naturellement s'appeler les croisés, et les expéditions militaires menées par les chrétiens d'Occident, les Croisades.

Dès 1096, Pierre l'Ermite (originaire d'Amiens) prend la tête d'une croisade dite populaire, car composée d'environ 15 000 modestes pèlerins (paysans et vagabonds) mal équipés, peu aguerris et fort mal encadrés. Toutefois, environ 12 000 croisés atteignent le Proche-Orient, mais ils sont vite anéantis par les Turcs à Nicomédie (aujourd'hui Izmit) en octobre 1096.

La première croisade (1096-1099), dite des barons car composée de chevaliers et appuyée par des notables féodaux, se compose de quatre armées conduites par Godefroi de Bouillon, Bohémond Ier, Raymond de Saint-Gilles (comte de Toulouse) et Adhémar de Monteil (légat du pape). Ces trente mille croisés prennent Nicée (Anatolie turque) et Antioche (Syrie septentrionale), puis s'attaquent à Jérusalem qui tombe en juillet 1099. L'armée massacre la quasi-totalité des musulmans qui habitent la cité et élit Godefroi de Bouillon à la tête du nouveau royaume latin de Jérusalem. Il refuse le titre de roi et se proclame avoué du Saint-Sépulcre. Fiers du devoir accompli, nombre de chefs croisés regagnent leur région d'origine, laissant Godefroi de Bouillon et une fraction de ses hommes organiser et contrôler les territoires conquis. Ainsi, outre le puissant royaume de Jérusalem, naissent le comté d'Édesse, la principauté d'Antioche et le comté de Tripoli.

Au total, il y aura huit croisades « officielles » en Terre sainte (jusqu'en 1270). Au cours de la dernière, Louis IX (futur saint Louis) trouve la mort devant Tunis. S'ensuit la signature de la paix entre mamelouks et croisés en novembre 1270.

Ce qui fut par ailleurs surnommé la Croisade des enfants de 1212 s'appuie sur des chroniques datant de la seconde moitié du XIIIe siècle. Elles parlent de deux jeunes garçons (Nicolas en Allemagne et Étienne en France) qui partent en croisade après une révélation divine, entraînant dans leur sillage des milliers d'enfants qui, finalement, n'atteignent jamais la Terre sainte ni ne survivent à leur périple. En réalité, ces mouvements de population furent organisés par des paysans marginalisés et non pas par des enfants. Un tel mouvement voit effectivement le jour dans la région de Cologne en mars 1212 et un autre s'étend sur tout le territoire français en juin de la même année. Sous prétexte qu'un berger aurait accompli des miracles à Saint-Denis, trente mille pèlerins se mettent même en route et obligent le roi Philippe II Auguste (1165-1223) à faire disperser la foule pour renvoyer ces doux illuminés dans leurs foyers. Certes, ces deux mouvements pacifiques de 1212 s'inscrivent dans la pleine période des Croisades. Mais ils n'ont rien de commun avec les expéditions militaires très organisées menées par les notables et chevaliers au service de la hiérarchie ecclésiastique. Ils n'ont également aucun lien avec les croisades populaires très violentes qui ressemblent davantage à des insurrections (voir aussi *Les pastoureaux).*

~

Les demi-soldes

~

La période des Cent-Jours (20 mars-22 juin 1815) s'achève avec le désastre de Waterloo. Louis XVIII revient de son exil à Gand et il retrouve son trône en juillet. Commence alors la Seconde Restauration. S'ensuit pour le souverain une période plutôt délicate pendant laquelle les ultraroyalistes tentent d'imposer un retour à tous les abus de l'Ancien Régime, notamment sous la Terreur blanche (voir aussi *La Chambre introuvable).* Bien évidemment, les 20 000 officiers de l'armée napoléonienne se trouvent aussitôt en ligne de mire. Et ils sont placés sans attendre en non-activité. D'où leur surnom de demi-soldes dans la mesure où leur rémunération sera très fortement réduite (souvent bien plus que de moitié).

La quasi-totalité des demi-soldes garderont la nostalgie de leur chef emblématique et des prestigieuses campagnes militaires qu'ils ont menées. Ainsi, bien peu se rallieront spontanément au nouveau pouvoir. On estime cependant qu'environ 5 000 demi-soldes vont peu à peu réintégrer l'armée, mais sans grande conviction. Les autres subissent de multiples brimades et doivent accepter un sévère contrôle administratif qui ne se relâche pas avant 1824. À partir de cette date, ils peuvent se déplacer librement et, surtout, ils ont enfin la possibilité de cumuler leur maigre solde avec un autre salaire. Beaucoup retournent à l'agriculture ou se convertissent dans différents métiers. Mais certains savent aussi monnayer leur expérience en devenant instructeurs militaires pour des troupes ottomanes ou sud-américaines. Vers 1830, il ne subsiste plus que 3 500 demi-soldes qui refusent tout compromis et qui restent d'inconditionnels militants de la propagande bonapartiste.

~

La der des der

La Première Guerre mondiale (1914-1918) a ruiné l'Europe en créant, de surcroît, un profond traumatisme sur l'ensemble des acteurs de cet horrible conflit. Au total, cette tragédie fit neuf millions de morts, six millions et demi d'invalides et huit millions d'orphelins. En France, 10 % de la population active masculine a été tuée (1,4 million de morts) et deux millions de soldats resteront mutilés. Et comme si un tel drame ne suffisait pas, une population exsangue doit subir les assauts de l'épidémie de grippe espagnole qui survient en 1918. Par ailleurs, dans les régions qui ont servi de champs de bataille (Picardie et Champagne), il faut tout reconstruire : routes, ponts, maisons, hôpitaux, écoles, usines.

L'ensemble de l'Europe a donc un genou en terre. Tous les États se sont endettés pour soutenir « l'effort de guerre » et ils doivent désormais rembourser les emprunts au moment même où il convient de verser des pensions aux mutilés, aux veuves et aux orphelins.

Parallèlement, pendant cette période, nombre de banquiers et de gros industriels (on les surnomme les profiteurs de guerre) ont su exploiter le conflit au mieux de leurs intérêts pour bâtir de colossales fortunes. Bref, tous ces paramètres, et beaucoup d'autres, veulent laisser croire que la barbarie ne sera plus de ce monde. Aussi, comme pour conjurer le sort, nombre d'utopistes de bonne foi laissent-ils entendre qu'il s'agissait là de la der des der (la dernière des dernières). La suivante, la Seconde Guerre mondiale (1939-1945), fera 55 millions de morts (dont 563 000 Français) et 35 millions de blessés. Et comme le disait avec lucidité Albert Einstein (1879-1955) : « Je ne sais pas comment se déroulera la troisième guerre mondiale, mais je suis sûr que la quatrième se fera avec des cailloux et des bâtons. »

~

Les dragonnades

~

En avril 1598, Henri IV (1553-1610) met fin aux guerres de Religion en signant l'édit de Nantes. Dès lors, les protestants disposent d'un certain nombre de places fortes et bénéficient des mêmes services publics et privés que ceux des catholiques. Mais les successeurs d'Henri IV, Louis XIII et Louis XIV, ne sont pas franchement favorables à ce dualisme religieux. Ainsi, même s'il leur maintient la liberté de culte, Louis XIII supprime les privilèges politiques des protestants dès 1629. Quant à Louis XIV (1638-1715), convaincu qu'unité nationale rime avec unité religieuse, il enjoint son secrétaire d'État à la Guerre, le marquis de Louvois, de mener de féroces persécutions contre les protestants. Docile, celui-ci met donc en place des mesures d'un autre âge destinées à pousser les huguenots à se convertir au catholicisme.

Ainsi, à partir de 1681, des régiments de soldats s'installent chez les protestants avec l'autorisation d'exercer sur eux sévices et vexations de toutes sortes.

Seul moyen d'échapper à ces traitements indignes : abjurer. Les soldats réquisitionnés pour cette triste besogne appartiennent aux dragons, un corps de cavalerie créé en 1554. Cette chasse aux protestants voulue par le Roi-Soleil prendra donc le nom de dragonnades.

À la grande satisfaction du souverain, Louvois obtient d'excellents résultats dans l'ensemble du royaume. Par exemple, 37 000 conversions dans le Poitou et 22 000 dans le Béarn en quelques semaines. Fort du succès de ses dragonnades, Louis XIV va donc purement et simplement révoquer l'édit de Nantes, le 18 octobre 1685. La sanction s'abat avec brutalité : les pasteurs doivent quitter la France s'ils ne se convertissent pas sous quinze jours ; le culte et les temples sont supprimés ; les protestants ne peuvent pas sortir du royaume ou passer des biens à l'étranger, etc. Toutefois, quelque 200 000 réformés renient une conversion forcée au catholicisme et trouvent refuge dans les États protestants : Angleterre, Provinces-Unies, Brandebourg et Suisse (voir aussi *Les camisards).*

~

Les enragés
(et quelques autres surnoms popularisés par la Révolution)

~

Le 20 septembre 1792, l'armée révolutionnaire française remporte à Valmy sa première victoire militaire contre l'armée austro-prussienne du duc de Brunswick, un général expérimenté qui brûlait d'en découdre. Il affiche d'ailleurs avec arrogance la certitude d'un succès facile et rapide. Aussi Brunswick exprime-t-il un profond mépris pour les Français qu'il qualifie de « ramassis de savetiers » ou qu'il surnomme volontiers de « loqueteux ». Il faut dire que l'armée française se compose essentiellement de 400 000 volontaires mal équipés (25 fusils pour 500 soldats), parfois sans uniforme et souvent dépenaillés. Pour la plupart artisans pauvres, cultivateurs et ouvriers agricoles, ces engagés se considèrent avant tout comme des citoyens plutôt que comme des soldats. Mais les généraux Kellermann et Dumouriez sauront donc galvaniser leurs hommes. Surpris par une telle vaillance échevelée, les Prussiens battent en retraite. L'armée du peuple, celle des savetiers et des loqueteux, a vaincu celle du roi, la puissance contre-révolutionnaire austro-prussienne.

Au lendemain de la victoire de Valmy, la nouvelle assemblée, la Convention nationale, instaure la République. Les Conventionnels sont en large majorité de jeunes bourgeois (il n'y a dans leurs rangs que deux ouvriers) qui se regroupent selon leurs opinions politiques. Par exemple, se retrouvent là les Brissotins avec leurs principaux leaders : Brissot, Roland ou Condorcet. Adeptes d'un pouvoir décentralisé et regroupés derrière Jacques Pierre Brissot de Warville (1754-1793), l'un des précurseurs du mouvement en faveur de l'abolition de l'esclavage et créateur en 1788 de la « Société des Amis des Noirs », on les appellera plus tard les Girondins, car bon nombre de ces députés venaient du département de la Gironde. Naguère fervents révolutionnaires, les Brissotins font désormais figure de modérés. À l'inverse, les Montagnards (ainsi appelés parce que leurs députés siègent en haut de l'Assemblée) préconisent des mesures extrêmes. Dès lors, Brissot est exclu des Jacobins (12 octobre 1792) et s'oppose à la politique parisienne des Montagnards, menant alors une lutte sans merci contre Robespierre. Créé le 30 avril 1789 à Versailles par quatre députés du tiers état de Bretagne, le club des Jacobins s'appela tout d'abord club breton. Il accueillit notamment Joseph Mounier, Maximilien de Robespierre, le comte de Mirabeau et l'abbé Sieyès. Lorsque l'Assemblée nationale constituante s'installe à Paris (octobre 1789), le club emménage dans le réfectoire d'un ancien couvent jacobin (dominicain), rue Saint-Honoré. Il recevra donc rapidement le surnom de club des Jacobins.

Le 2 juin 1793, 80 000 hommes de la Garde nationale investissent la Convention. Ils réclament la destitution et l'arrestation des députés brissotins. Pour leur part, les Montagnards bénéficient alors du soutien des sans-culottes parisiens (voir à ce nom), de la Commune de Paris et du club des Jacobins. Et leurs positions radicales leur permettent d'obtenir aussi le soutien du mouvement des enragés de Jacques Roux. L'assemblée déclare l'arrestation de 29 Brissotins. Certains parviennent à s'enfuir, mais ils seront repris et guillotinés le 31 octobre 1793. Les Montagnards ont désormais les mains libres. Sous la dictature du Comité de salut public (gouvernement de sept membres dirigé par Maximilien de Robespierre) s'engage alors la Terreur, période qui s'achève le 27 juillet 1794. Pendant la Terreur, la Convention organise de façon systématique l'élimination des supposés ennemis de la Révolution. À Paris, la Terreur atteint son paroxysme au cours de l'été 1794. Pendant les deux mois qui précèdent la chute de Robespierre, 1 376 personnes sont exécutées dans la capitale, soit plus que durant toute l'année précédente. Les historiens affirment que la Terreur a fait de 35 000 à 40 000 victimes sur l'ensemble du territoire.

Dans ce contexte, les enragés ont réclamé de la Convention nationale (entre 1792 et 1794) des mesures sociales et économiques radicales. Mais les aristocrates avaient également utilisé ce terme dès 1789 pour désigner de manière insultante les patriotes engagés dans la

Révolution. Les Brissotins vont eux aussi reprendre l'image pour stigmatiser le radicalisme des Jacobins. Mais l'épithète Enragé va finalement qualifier les militants les plus extrémistes des sections de la Commune de Paris à partir de 1792, avec à leur tête l'emblématique Jacques Roux, un prêtre que l'on surnomme alors le curé rouge ou encore le petit Marat.

Né dans une famille bourgeoise, Jacques Roux (1752-1794), cultivé et éloquent, devient curé dans le diocèse de Saintes. Il s'installe à Paris, prête serment à la Constitution civile du clergé, devient vicaire à Saint-Nicolas-des-Champs, puis renonce finalement à la voie ecclésiastique. Inscrit à la section des Gravilliers, il siège au conseil général de la Commune de Paris. À la tête de toutes les émeutes provoquées par la crise des subsistances, il critique la notion de propriété, multiplie les attaques contre les riches, justifie les pillages de boutiques, les qualifiant de restitutions, et sera considéré comme le porte-parole des enragés. Outre Jacques Roux, ce mouvement populaire assez mal structuré qui prône avant tout une révolution sociale compte également dans ses rangs Jean-François Varlet, Théophile Leclerc et la comédienne Claire Lacombe. Face à l'extrémisme des revendications des enragés, Robespierre finit par jeter Jacques Roux en prison le 5 septembre 1793. Il se suicide le 10 février 1794.

À l'inverse, ceux que l'on appelle les Indulgents, entre 1793 et 1794, contestent le régime de la Terreur menée par Maximilien de Robespierre. L'épithète prend alors un tour péjoratif pour qualifier ces révolutionnaires modérés également surnommés « Dantonistes », en référence à leur leader charismatique, Georges Danton (1759-1794). D'aucuns les qualifient aussi de nouveaux Brissotins.

~

La Grande Armée, la Vieille Garde, les grognards

~

À partir de juillet 1804, quand l'empereur Napoléon Ier (voir à ce nom) se lance dans ses interminables conquêtes européennes, il bâtit une armée cosmopolite largement inspirée par les légions de Jules César, voire par la phalange d'Alexandre le Grand.

Le Petit Caporal fonde officiellement sa Grande Armée en août 1805. Tout au long de son ascension, mais aussi dans les moments difficiles, l'empereur pourra compter sur le dévouement de ces hommes. Il sait les récompenser personnellement de décorations plus ou moins fantaisistes ; mais il sait également les promouvoir au sein d'une hiérarchie complexe dans laquelle la bravoure, mais surtout l'attachement aux idéaux, la stratégie impériale, jouent un rôle de premier plan. Entre 1806 et 1808, la Grande Armée va compter jusqu'à 650 000 hommes.

Il convient cependant de ne pas confondre la Grande Armée avec la Garde impériale. Celle-ci fut créée en mai 1804, sur les bases de l'ancienne Garde des consuls. La Garde impériale devient alors un corps d'élite entièrement dévoué à la personne de Napoléon. Composée de valeureux soldats, elle constitue une force sur laquelle l'empereur peut s'appuyer à tout moment. En 1804, elle compte environ dix mille hommes placés sous les ordres directs de l'empereur. Et il y a ici la célèbre Vieille Garde, une unité d'élite souvent appelée la crème de la crème. Toutefois, certains se plaignaient de leurs conditions de vie. Ils maugréaient, geignaient, bougonnaient. Bref, ils grognaient ! Aussi Napoléon les surnomma-t-il affectueusement les grognards. On les a aussi appelés les vieux de la Vieille : les vieux (soldats) de la Vieille (Garde). Ces soldats qui grognaient, mais qui suivaient toujours, comme fanatisés par l'empereur, sont souvent des grenadiers (des spécialistes de l'utilisation de la grenade). Par la suite, ils deviendront des unités d'élite, mais conserveront le nom de grenadier.

La Garde impériale se transforma en unité combattante, mais devint une sorte de réserve de l'armée. Napoléon ne l'utilisait qu'en tout dernier ressort. Pour donner le coup de grâce ou pour débloquer une situation dangereuse. En ce sens, la Garde impériale de Napoléon Ier ressemble à la Garde prétorienne de l'Antiquité romaine : un petit groupe d'hommes dont s'entouraient les magistrats républicains (les préteurs).

~

La Grosse Bertha

~

En 1908, l'armée allemande demande à la société Krupp de concevoir une pièce d'artillerie dotée d'une puissance exceptionnelle. La difficulté réside dans le fait qu'il faut trouver le meilleur compromis possible entre de multiples paramètres encore mal maîtrisés pour l'époque (balistique, poids, précision, potentiel destructeur, etc.). Les études débouchent sur la mise au point d'un obusier de 42 tonnes désigné sous le code « type M ».

La tradition des usines Krupp voulait que les machines soient baptisées du nom d'un membre de la famille. Le M 42 fut donc appelé *Dicke Bertha* (Grosse Bertha). L'unique héritière de Friedrich Krupp se prénommait Bertha. Et le terme Grosse ne faisait bien évidemment pas référence au physique de la jeune femme mais à l'imposant gabarit du canon ! Pour leur part, les artilleurs allemands surnomment plutôt ce mortier *Fleissige Bertha* (Bertha l'assidue). Mais lorsque l'armée allemande utilise cette dévastatrice pièce d'artillerie pendant la Première Guerre mondiale, les Français l'appellent Grosse Bertha.

Les Grosses Bertha (la version légère, type M, et une version encore plus puissante, le modèle gamma) entrent en action au mois d'août 1914. Elles dévastent les forteresses de Namur, Maubeuge et Anvers, mais aussi les défenses russes du Danube.

Mortier lourd d'un calibre de 420 mm, la Grosse Bertha de type M dispose d'une portée de tir de 9 300 mètres. L'obus pèse 800 kg (dont 100 à 140 kg de charges explosives). Quant au poids du mortier mis en batterie, il dépasse les 42 tonnes. Enfin, la cadence maximale de tir atteint les dix coups par heure.

~

Les gueules cassées

Les pertes humaines de la Première Guerre mondiale (1914-1918) s'élèvent à neuf millions de personnes dont 1,4 million dans le camp français. Mais il faut aussi ajouter à l'horreur de ce conflit d'une violence inouïe les 6,5 millions d'invalides (deux millions de Français) : aveugles, amputés des jambes et des bras, blessés de la face, etc. Et tous ces hommes profondément meurtris par de graves et douloureuses séquelles physiques, sans oublier ceux atteints de profonds troubles psychologiques, furent surnommés les gueules cassées. À tout jamais broyées et traumatisées par l'indicible de combats terrifiants, les gueules cassées ne purent pour la plupart jamais retrouver une vie civile (familiale et sociale) normale.

Dans ce contexte, deux grands blessés de la face (Bienaimé Jourdain et Albert Jugon) vont créer (1921) l'Union des blessés de la face et de la tête (UBFT) qui se surnommera elle-même les Gueules cassées. Avec efficacité et dévouement, l'association vient en aide aux soldats atrocement défigurés, souvent abandonnés (y compris par leur entourage) et sans ressources. En effet, au sortir de cette guerre, la blessure au visage n'est pas reconnue comme une infirmité et elle n'entraîne donc aucun droit à obtenir une pension d'invalidité. En ce début de XXIe siècle, l'œuvre de l'association se poursuit toujours aux côtés de toutes les gueules cassées de la vie. Outre les militaires touchés au combat, elle accueille désormais policiers, gendarmes, douaniers, pompiers, victimes civiles d'attentats. L'association accompagne aussi la recherche dans le domaine de la chirurgie maxillo-faciale.

~

Les immortels

Fondée en 1635 par le cardinal de Richelieu (1585-1642), l'Académie française a pour mission de normaliser et de perfectionner l'usage de la langue française. Dans les faits, sa création (statuts, règlements et lettres patentes signées par Louis XIII et enregistrées par le Parlement) donne un caractère officiel à une compagnie de lettrés qui se réunissait de manière informelle. Dès lors, la tâche de l'Académie consiste à fixer les règles de la langue française afin « de la rendre pure et compréhensible par tous ». Conséquence : l'institution devient la gardienne des bons usages de la langue française et elle se charge de rédiger et de mettre à jour un *Dictionnaire de la langue française* dont la première édition paraît en 1694.

Quant au surnom d'immortels qui colle à la peau des académiciens, il prend racine dans la devise « À l'immortalité » figurant sur le sceau que donna à l'Académie le cardinal de Richelieu. Mais, dans l'esprit du fondateur de la docte institution, cette louable devise visait à l'origine la langue française. Et non pas les académiciens. N'importe, ils sont cependant devenus des immortels.

L'Académie française se compose de quarante membres (écrivains, hommes d'État, avocats, médecins, ecclésiastiques, militaires, etc.). En 1980, Marguerite Yourcenar (1903-1987) fut la première femme accueillie en son sein. Mais, bien sûr, certains restent à la porte ! Soit parce qu'ils refusent de concourir, soit parce qu'ils ne sont pas élus. Ainsi, dans un talentueux ouvrage intitulé *Histoire du quarante-et-unième fauteuil de l'Académie française* (1845), Arsène Houssaye (1815-1896) passe-t-il en revue tous les grands écrivains qui n'ont jamais appartenu à l'illustre maison et il imagine ce qu'aurait pu être leurs discours de réception. Arsène Houssaye va donc forger l'expression « 41e fauteuil » qui désigne implicitement tous les oubliés de l'Académie. Parmi eux, citons : Honoré de Balzac, Charles Baudelaire, Beaumarchais, André Chénier, Alphonse Daudet, Descartes, Diderot, Dumas père, Gustave Flaubert, Théophile Gautier, Guy de Maupassant, Molière, Gérard de Nerval, Pascal, Marcel Proust, Jean-Jacques Rousseau, Stendhal, Émile Zola.

Quant à l'Institut de France (à la fois institution créée en 1795 et nom du bâtiment situé sur le quai de Conti à Paris), il regroupe et abrite : l'Académie française, l'Académie des inscriptions et belles-lettres, l'Académie des sciences, l'Académie des beaux-arts et l'Académie des sciences morales et politiques.

~

Ligne Maginot, Ligne Siegfried et Mur de l'Atlantique

~

Construite entre 1929 et 1936, la Ligne Maginot correspond à un gigantesque système de fortifications qui s'étend des Alpes aux Ardennes pour défendre les frontières belge, luxembourgeoise, allemande et italienne. Conçue pour empêcher une invasion surprise du territoire français par les troupes allemandes, la Ligne Maginot se compose de blocs de béton et de galeries souterraines équipées d'artillerie lourde (obus, canons, mortiers notamment). Elle doit son nom à André Maginot (1877-1932), ministre de la Guerre de 1929 à 1932. Au total, l'édification de ces fortifications a coûté environ 5 millions de francs de l'époque (soit 3 milliards d'euros d'aujourd'hui).

Après l'invasion de la Pologne par Hitler (1er septembre 1939), la France déclare la guerre à l'Allemagne (3 septembre 1939). Mais les troupes s'enlisent dans la drôle de guerre : l'armée française reste bloquée, immobile et inactive derrière son impénétrable Ligne Maginot. Sauf que la Wehrmacht attaque la

France en son point faible, à l'extrémité ouest de la ligne, et qu'elle réussit sans difficulté la célèbre percée de Sedan (13 mai 1940). Les Allemands ont donc brisé le front sur la Meuse, ce qui entraîne la débâcle de l'armée française, puis l'invasion du pays. Dès lors, la Ligne Maginot restera le symbole des erreurs stratégiques commises conjointement dans l'entre-deux-guerres par l'état-major et les hommes politiques français (voir aussi à *drôle de guerre*).

Pour leur part, pendant la Première Guerre mondiale, les Allemands avaient construit la Ligne Siegfried (appelée Ligne Hindenburg par les Alliés). Mais, dans le langage courant, l'expression Ligne Siegfried désigne plutôt les fortifications érigées face à la Ligne Maginot par Adolf Hitler entre 1938 et 1940. Cette ligne de défense (baptisée *Westwall* par les Allemands) s'étend alors sur plus de 600 km. Elle se compose de 18 000 bunkers, de tunnels et de dents de dragon (blocs de béton antichars).

Quant au Mur de l'Atlantique, il correspond à un système de fortifications construit par les Allemands le long de la côte occidentale de l'Europe à partir de mars 1943. Conçu pour empêcher une invasion du continent par les Alliés, le Mur de l'Atlantique s'étend alors de la frontière hispano-française jusqu'au nord de la Norvège. Lourdement renforcé par le maréchal allemand Erwin Rommel (1891-1944) à partir de janvier 1944, le Mur de l'Atlantique comptait plus de dix mille redoutes fortifiées sur les seules côtes françaises. Il disposait de batteries d'artillerie côtière, de bunkers, de nids de mitrailleuses, de stations radars, de champs de mines, etc. Le tronçon le mieux équipé (et le plus fortifié) se situait dans le Pas-de-Calais, car nombre de militaires allemands penchaient pour une probable offensive dans cette zone proche des côtes anglaises. En fait, le Mur de l'Atlantique n'a pas empêché le débarquement victorieux des Alliés en Normandie (6 juin 1944).

~

Les malgré-nous

En juillet 1870, Napoléon III déclare la guerre à la Prusse. Mais la lourde défaite française à la bataille de Sedan contraint l'empereur à capituler (2 septembre 1870). Deux jours plus tard, à la faveur d'un mouvement insurrectionnel conduit par Léon Gambetta (1838-1882), le Corps législatif proclame la fin du Second Empire et la naissance de la IIIe République. S'ensuit la signature du traité de Francfort (mai 1871) qui met fin à la guerre avec le IIe Reich. Outre le règlement d'une lourde indemnité de guerre (5 milliards de francs-or de l'époque), la France doit aussi céder l'Alsace et une partie de la Lorraine à l'Empire allemand. Pour être précis, la France cède l'Alsace (sauf le Territoire de Belfort) et, en Lorraine, le département de la Moselle plus les arrondissements de Château-Salins et de Sarrebourg.

En France, la perte de l'Alsace-Lorraine (et le choc provoqué dans l'opinion) devient un enjeu politique majeur. Et, entre autres, la question des « provinces perdues » va inciter les gouvernants à déclencher un nouveau conflit armé contre l'Allemagne. En 1919, à l'issue de la Première Guerre mondiale, le traité de Versailles rend l'Alsace-Lorraine à la France. Mais, en mai 1940, l'offensive d'Hitler, connue sous le nom de bataille de France (invasion des Pays-Bas, de la Belgique, du Luxembourg et de la France), se termine par la signature de l'armistice (22 juin 1940). Bien que l'Alsace-Lorraine fasse partie (comme d'autres) de la zone militairement occupée par les Allemands, elle aurait dû *a priori* rester sous administration française. Mais Hitler annexe de fait ce territoire. Le Bas-Rhin (Strasbourg) et le Haut-Rhin (Colmar, Mulhouse) sont alors rattachés au pays de Bade. Et la Moselle (Metz, Thionville, Sarreguemines) à la Sarre.

Dès lors, les services publics (poste et chemins de fer) passent sous l'autorité allemande. La population doit abandonner la langue française et moult villages sont baptisés de noms à consonance germanique. Parallèlement, les autorités hitlériennes savent à merveille souffler le chaud et le froid. Elles libèrent la plupart des prisonniers de guerre alsaciens et mosellans tout en embrigadant de force les gamins dans les mouvements de jeunesse nazis. Les adolescentes doivent ainsi rejoindre les camps de jeunesse et participer à des opérations de défense passive.

À partir du mois d'août 1942, la pression s'intensifie : appel à la mobilisation obligatoire de tous les jeunes hommes dans les forces armées allemandes. Il faut ici comprendre que certains de ces jeunes gens avaient déjà accompli leur service militaire au sein de l'armée française. Et qu'ils avaient combattu l'Allemagne entre septembre 1939 et juin 1940. Les réfractaires et les déserteurs risquaient la peine de mort ou s'exposaient à la déportation sur le front de l'Est. Car les Allemands avaient besoin de troupes pour affronter l'Armée rouge de l'Union soviétique (le plan Barbarossa visant à envahir l'URSS et l'offensive de juin 1941 rompaient *ipso facto* le pacte germano-soviétique). Mobilisés contre leur gré, ces 130 000 hommes devinrent les malgré-nous. Certains furent affectés dans la Wehrmacht ; d'autres furent versées d'autorité dans la Waffen-SS.

Au total, environ 30 000 malgré-nous meurent au cours de ces effroyables combats (et autant en reviennent blessés ou invalides). Sans oublier que, durant la débâcle allemande sur le front de l'Est, maints Alsaciens et Mosellans (considérés comme déserteurs ou espions) sont retenus par l'armée soviétique dans des camps (notamment celui de Tambov). Ainsi, 16 000 malgré-nous meurent aussi dans les camps russes. Soulignons que des associations d'anciens combattants alsaciens et lorrains de la der des der emploient l'expression malgré-nous dès 1920 pour s'insurger d'avoir dû combattre « malgré eux » l'armée française pendant la Première Guerre mondiale.

~

Les Marie-Louise, l'Aiglon

~

Les ailes de l'aigle commencent à vaciller. Mais Napoléon Ier résiste encore entre janvier et avril 1814 dans la campagne de France, une guerre contre la sixième coalition. l'empereur espère toujours éviter l'invasion de la France pour sauver son trône. En vain. Après l'entrée des troupes prussiennes et russes dans Paris, il abdique le 6 avril 1814 et part en exil à l'île d'Elbe.

Dès 1813, un décret de Marie-Louise d'Autriche (1791-1847), la seconde femme de Napoléon, visait à appeler de jeunes conscrits pour soutenir l'effort de guerre de son cher époux. Soutenus par la Grande Armée (voir plus haut), ces très jeunes gens, courageux mais inexpérimentés, étaient le plus souvent imberbes. Aussi les fidèles grognards les ont-ils surnommés les Marie-Louise. Un gentil sobriquet féminin qui faisait référence à l'impératrice. Les Marie-Louise ont participé activement à deux victoires de la campagne de France contre les troupes russes, l'une à Champaubert

(10 février 1814) et l'autre à Montmirail (11 février 1814). Des succès qui n'ont donc pas suffi à empêcher la défaite.

Napoléon Ier divorce de Joséphine de Beauharnais en 1809, car elle ne peut lui donner de descendance. L'empereur épouse alors Marie-Louise, la fille de l'empereur d'Autriche. Un mariage qui visait à apaiser les relations entre la France et l'Autriche. Ce qui, de ce point de vue, ne servit à rien puisque une nouvelle guerre éclate quatre ans plus tard entre les deux pays. L'union est d'abord célébrée par procuration, à Vienne, le 11 mars 1810. Marie-Louise vient en France deux semaines plus tard et, à quarante ans, Napoléon épouse l'archiduchesse d'Autriche (dix-huit ans), le 2 avril 1810. Un an plus tard, le 20 mars 1811, naît l'héritier tant attendu : Napoléon II. Mais, après l'abdication de l'empereur, Marie-Louise retourne à Vienne avec son fils. Elle ne reverra jamais Napoléon.

Quant au prince impérial de France, il ne deviendra jamais Napoléon II. Titré duc de Reichstadt (duché situé en Bohême) par son grand-père maternel dès 1818, il meurt de la tuberculose à l'âge de vingt et un ans. En 1852, Victor Hugo lui dédie un poème dans lequel il le surnomme pour la première fois l'Aiglon, l'aigle ayant été l'emblème de son père (dès le lendemain de son sacre, Napoléon fit placer ce symbole impérial au sommet de la hampe de tous les drapeaux des armées napoléoniennes). L'héritier du Petit Caporal se transforme au XIXe siècle en un personnage légendaire, notamment auprès des nostalgiques du Premier

Empire. Il inspire aussi à Edmond Rostand (1868-1918) une pièce de théâtre intitulée *L'Aiglon*. Succès qui lui vaudra d'entrer à l'Académie française en 1901.

~

Les Marmousets

~

Fils de Charles V et de Jeanne de Bourbon, Charles VI (1368-1422) hérite de la couronne à l'âge de douze ans. Ses oncles (les ducs d'Anjou, de Bourgogne, de Berry et de Bourbon) assurent la régence. Ils dilapident sans vergogne le trésor royal, augmentent les impôts et doivent affronter de multiples révoltes. En 1388, Charles VI se décide donc à gouverner seul. Le roi rappelle alors à ses côtés les anciens conseillers de son père qui seront surnommés les Marmousets.

Le terme de Marmousets désigne les petites sculptures (figurines grotesques) qui décorent les portails et les murs des églises. Les ducs de Bourgogne et de Berry, contrariés d'avoir été écartés par leur jeune neveu, vont prendre un malin plaisir à répandre ce surnom péjoratif pour qualifier les ministres de Charles VI. Pendant quatre ans, les Marmousets vont engager avec détermination la réforme de l'administration en réduisant les dépenses de l'État et les impôts.

Violemment critiqués par l'aristocratie (les Marmousets appartiennent tous à la bourgeoise), ils sont congédiés dès les premiers signes de démence de Charles VI (dit le Fol), en août 1392.

~

Les mazarinades

Après une brève carrière dans l'armée italienne, Giulio Mazarini (1602-1661) entre dans le corps diplomatique pontifical où son sens de la négociation ne tarde pas à s'imposer. Chargé de mission en France au début des années 1630, Giulio Mazarini rencontre le cardinal de Richelieu, alors au faîte de sa puissance et principal ministre de Louis XIII. Et lorsqu'il devient ambassadeur du Saint-Siège dans la capitale française (1635-1636), Richelieu le prend sous son aile protectrice, le fait naturaliser (1639) et lui obtient le chapeau de cardinal (1641)... alors que Mazarin n'a jamais été ordonné prêtre.

L'année suivante, au lendemain de la mort de Richelieu, le cardinal Mazarin prend la succession de son protecteur et devient président du Conseil du roi. Puis, lorsque Louis XIII s'éteint à son tour en mai 1643, Jules Mazarin reste aux côtés de la reine mère, Anne d'Autriche, qui assure la régence. De surcroît, Mazarin devient le tuteur du nouveau roi

Louis XIV, alors âgé de cinq ans. Comble de confiance, lorsque le souverain atteint sa majorité en 1651, il laisse Jules Mazarin gouverner jusqu'à la mort du cardinal-ministre (1661).

Détesté de la cour et du peuple, notamment en raison de son origine étrangère, Mazarin doit déjouer de nombreux complots et même une tentative d'assassinat (dès septembre 1643). Certes, il tire un réel avantage personnel en mettant fin à la guerre de Trente Ans par les traités de Westphalie (1648), mais il doit lever de nouvelles taxes afin de poursuivre l'offensive contre l'Espagne. Le mécontentement gronde depuis longtemps, aussi bien dans le peuple que dans la bourgeoisie, mais aussi dans les Parlements et la noblesse qui sentent leurs charges menacées. Une série de révoltes éclatent donc de 1648 à 1653. La révolte du peuple, la Fronde parlementaire (qui veut limiter le pouvoir royal), puis la Fronde des princes dégénèrent en guerre civile. La cour doit se réfugier un temps à Saint-Germain-en-Laye (1649) et Mazarin s'enfuit en Rhénanie. Mais cette épreuve renforce finalement le pouvoir du cardinal et elle confortera l'absolutisme de la monarchie. En effet, profondément troublé par ces événements, le jeune Louis XIV ne manquera pas de s'en souvenir lorsqu'il exercera pleinement le pouvoir.

Quoi qu'il en soit, pendant ces années pour le moins agitées fleurissent dans la capitale, mais aussi dans les grandes villes de province, de multiples textes, chansons, poèmes, pamphlets, libelles et caricatures. Ces écrits vengeurs et souvent haineux envers le cardinal-ministre deviennent tout naturellement des mazarinades. Rien que sur Paris, on aurait répertorié quelque cinq mille œuvres dignes de porter ce nom. Mais tout cela ne troublait guère la cible privilégiée de ces textes enflammés, puisque Mazarin aurait fièrement déclaré : « Qu'ils chantent, pourvu qu'ils paient ! »

Quand elles évitent de tomber purement et simplement dans l'obscénité, les mazarinades sont toujours d'une violence inouïe puisqu'elles en appellent à la mort de cet « estranger » que l'on dit amant de la reine mère, Anne d'Autriche. Aussi les mazarinades sont-elles le plus souvent anonymes pour d'évidentes raisons de pure prudence. Car l'impitoyable couperet de la censure veille au grain. Cependant, de grandes plumes comme celles de Scarron ou du cardinal de Retz se sont livrées à l'exercice. Sans oublier celle de Savinien de Cyrano de Bergerac (1619-1655) qui écrit un violent poème contre Mazarin en 1649, *le Ministre d'État flambé en vers burlesques*. En voici un extrait :

[...] Ha ! ha ! je vous tiens, Mazarin
Esprit malin de notre France,
Qui pour obséder son destin,
Faites le soir et le matin
Main basse dessus sa pitance
À ce coup vous serez bien fin
Si vous évitez la potence.

[...] Vous n'avez jamais eu chez vous
Que des gens indignes de louange,

Vos pages sont de jeunes fous,
Vos estaffiers de vrais filous,
Votre Suisse une beste estrange,
Vos confesseurs des loups-garous
Et le diable est votre bon ange. [...]

~

Les mignons

Les courtisans raffinés qui fréquentent la cour du roi Henri III (1551-1589) s'habillent avec une élégance démesurée qui touche aux confins de l'excentricité. Ces gentilshommes se fardent, se parfument, se poudrent, se frisent les cheveux, mais portent aussi des boucles d'oreilles, de la dentelle et de grandes fraises empesées. D'aucuns assurent que leur attitude vise à affirmer une forme de marginalité en transgressant une étiquette rigoureuse. D'autres prétendent que ces courtisans efféminés, mais volontiers querelleurs, cherchent plutôt à choquer le bourgeois. Quelle que soit leur motivation profonde, ceux que l'on appellera les mignons vont discréditer le souverain en donnant une image déplorable au caractère sacré du pouvoir royal. D'autant qu'Henri III nourrit lui-même un goût démesuré pour les plaisirs de la fête, pour les bals et la futilité.

Lorsque Henri III succède à son frère Charles IX en 1574, le massacre de la Saint-Barthélemy (nuit du 23 au 24 août 1572) hante encore les esprits. Certes, le souverain se range dans le camp de la tolérance et s'efforce de préserver l'unité du pays (paix de Beaulieu en 1576). Mais jamais Henri III ne parviendra à convaincre, tant la conduite et les extravagances de ses favoris déroutent l'opinion. Les mignons deviennent la risée de tous et, surtout, la cible privilégiée des catholiques fanatiques qui s'appuient sur la puissante Ligue, une association de virulents activistes qui s'opposent au protestantisme et mènent une campagne savamment orchestrée contre le monarque. De surcroît, les ligueurs possèdent un chef charismatique en la personne du prestigieux Henri de Guise, dit le Balafré.

La critique du régime s'amplifie. Pourtant, les mignons, tous issus de la petite noblesse, poursuivent leur œuvre ! Parmi eux : le marquis François d'O, Henri de Saint-Sulpice, Jacques de Caylus, Louis de Maugiron, François d'Espinay. Sans oublier bien sûr les célèbres ducs de Joyeuse et d'Épernon. Alors, les pamphlets se multiplient pour dénoncer la dégradation des mœurs de la cour et l'inconséquence des gouvernants. Et le parfum de scandale qui attise les rumeurs ou les franches accusations d'homosexualité visent bien évidemment à calomnier le souverain lui-même. Henri III doit donc réagir.

Survient un événement qui va de nouveau attiser les ambitions : la mort du frère d'Henri III (1584), le duc d'Alençon (devenu duc d'Anjou en 1576). Dès lors, se pose le délicat problème de la succession au trône de France. L'héritier légitime s'appelle lui aussi Henri, roi de Navarre, futur Henri IV : un protestant ! Commence alors la guerre des trois Henri : Henri III défend la cause royaliste ; Henri de Guise dirige la puissante Ligue ; Henri de Navarre conduit les réformés.

En 1587, le duc de Joyeuse subit une cuisante défaite face à Henri de Navarre (bataille de Coutras, en Gironde). Par ailleurs, le souverain doit fuir la capitale entièrement acquise à Henri de Guise et à la Ligue. Henri III se réfugie à Blois entouré de ses fidèles « Quarante-cinq ». On connaît la suite. Le roi convoque Henri de Guise qui se rend à l'invitation sans la moindre escorte. Le 23 décembre 1588, le chef de la Ligue tombe dans la chambre royale du château de Blois, lardé de coups de poignard.

Finalement, Henri III se rapprochera du roi de Navarre en le désignant comme son successeur légitime. Mais, le 1er août 1589, un moine dominicain, Jacques Clément, venge les extrémistes catholiques. Il poignarde à son tour le souverain. Henri IV, le dernier survivant de la guerre des trois Henri, sera lui aussi assassiné, par Ravaillac, le 14 mai 1610.

Il faut souligner que le terme mignon désignait au XVe siècle les favoris d'un seigneur. Sans que le mot possède, à cette époque-là, la moindre connotation homosexuelle. L'acception va se colorer de cette nuance pour désigner très précisément (à partir du XIXe siècle) les favoris homosexuels très efféminés d'Henri III.

~

MUSCADINS, INCROYABLES ET MERVEILLEUSES

Sous le Directoire (1795-1799), et plus précisément pendant les tout premiers temps du régime, une sorte de frivolité s'empare de la jeunesse dorée qui a su passer sans encombre les heures sombres de la Révolution. Et, dans les salons à la mode, on rencontre muscadins, incroyables et merveilleuses.

Le terme de muscadin apparaît dès 1793. Il prend ici une connotation politique et vise à dénigrer les jeunes insurgés qui ont combattu la Convention. Mais, deux ans plus tard, le mot a déjà perdu toute valeur « militante ». Dès lors, le muscadin se parfume de musc, s'habille de costumes excentriques (souvent étriqués), porte des cheveux poudrés et ne se sépare jamais d'une sorte de baguette qui tient à la fois de la cravache et de la badine. Certes élégant, le muscadin se promène toujours en bande et, dès que l'occasion se présente, il ne dédaigne pas de mener quelques expéditions punitives contre les anciens révolutionnaires. Dans les années qui suivent, ces jeunes royalistes arrogants ne craignent pas d'afficher des accoutrements ostentatoires ou provocants. Ainsi, le premier sens de muscadin s'attache à désigner un jeune homme tourné vers une seule préoccupation : la mise exagérément soignée de sa petite personne. Dans une acception familière de la fin du XIXe siècle, le terme s'utilise pour caractériser de riches paysans qui tentent d'imiter les manières des bourgeois citadins. Autrement dit, le muscadin affecte un comportement et un discours qui ne correspondent pas à son rang social, à sa culture, à ses études ou à son éducation. Hâbleur, vantard et pédant, le muscadin appartient à la grande famille des infatués personnages : bravache, bellâtre, freluquet, cuistre, fat, gandin, godelureau, mirliflore, etc.

Tout aussi maniérés et extravagants que leurs cousins muscadins, les incroyables possèdent pour leur part une petite dose d'humour. En effet, ils ont décidé de renier la Révolution en refusant de prononcer la lettre « r » ! Aussi n'utilisent-ils jamais cette lettre dans leurs conversations publiques, ce qui transforme leurs dialogues en une sorte de charabia incompréhensible. En réalité, ce petit jeu se résume à une sorte de posture provocatrice, et ils s'amusent à ponctuer chaque phrase d'un retentissant « c'est incoyable » (sans r, bien sûr !). D'où leur surnom.

Quant aux merveilleuses, il s'agit d'une sorte d'équivalent féminin des muscadins. Elles portent des vêtements qui s'inspirent de la mode antique : robes à la Diane, manteaux taille haute, tuniques de gaze transparente, coiffes surmontées d'extravagantes fanfreluches, béguins de dentelle, décolletés généreux. Mais elles utilisent aussi volontiers des perruques très colorées. Joséphine de Beauharnais, Mme Récamier ou Mme Tallien figurent parmi les plus célèbres merveilleuses.

~

Oncle Sam

~

L'énigmatique Oncle Sam *(Uncle Sam)* symbolise, et plus exactement personnifie, la nation américaine depuis maintenant deux siècles. Mais qui peut bien se cacher derrière cette expression dont les initiales (US) peuvent tout aussi bien signifier United States !

Une légende raconte que Oncle Sam ne serait autre qu'un brave employé qui s'appelait en réalité Sam Wilson (1766-1854). Au début du XIXe siècle, Sam travaille dans une entreprise chargée de fournir des rations de viande à l'armée américaine. Sa mission : inspecter le chargement des paquets. À l'issue de son rigoureux contrôle, Sam Wilson doit frapper chaque caisse d'un vigoureux coup de tampon qui appose alors sur le paquet les lettres E.A.-U.S. Le premier sigle correspond aux initiales du nom de la société (Elbert Anderson) et U.S. signifie tout naturellement United States. Toutefois, au sein même de l'entreprise, si chacun comprend sans difficulté la signification des lettres

E.A., beaucoup s'interrogent encore sur le sens réel de U.S. Cela n'a d'ailleurs rien d'étonnant dans la mesure où nous ne sommes alors qu'à une trentaine d'années de la Déclaration d'indépendance américaine (1776) rédigée par Thomas Jefferson (1743-1826). Aussi, le nom de la jeune Confédération (et *a fortiori* le sigle) n'habite-t-il pas encore tous les esprits. Et la notion d'identité nationale (dans un pays en pleine expansion qui s'étend alors de la côte atlantique au Mississippi) ne préoccupe pas vraiment les émigrants dont certains parlent souvent fort mal la langue anglaise. Et la légende veut que Sam Wilson ait alors suggéré à ses collègues incultes que le mystérieux U.S. marquait sa propre signature : *Uncle Sam.* Qu'ils soient sceptiques, convaincus ou complices, beaucoup s'empressent de propager la boutade. Au bout de quelques mois, chacun connaît donc la célèbre viande estampillée *Uncle Sam.*

En s'amusant à fouiller dans les détails de cette charmante histoire, on découvre qu'un certain Sam Wilson a bel et bien vu le jour en 1766 dans la petite ville de Troy située à une vingtaine de kilomètres au nord-est d'Albany (actuelle capitale de l'État de New York, sur l'Hudson). Toutefois, à la mort de Sam (1854), personne ne semble plus se souvenir du héros de Elbert Anderson. Inconnu au bataillon ! Dans le journal local, pas une seule ligne pour évoquer la disparition de Sam et pour raconter la célèbre anecdote. Il faut attendre quelques jours pour qu'un quotidien d'Albany relate enfin avec fierté les origines de Oncle Sam, pourtant élevé au rang de véritable emblème de la nation. Car, entre-temps, ce symbole des États-Unis avait traversé l'Atlantique. En effet, dès 1830, les dessinateurs du magazine britannique *Punch* stylisent Oncle Sam et ils ébauchent déjà la silhouette du personnage : grand, mince, portant une veste noire, coiffé d'un chapeau et affublé d'une barbe blanche. Un drapeau américain figure aussi parfois sur le chapeau. En 1870, le talentueux Thomas Nast façonnera l'image définitive de Oncle Sam, celle que nous connaissons encore aujourd'hui.

Actuellement, nombre d'historiens penchent pour une invention pure et simple de cette rocambolesque explication dont on retrouve les traces aux alentours de 1812. Une bande de joyeux plaisantins se serait alors amusée à populariser *Uncle Sam,* et il aurait finalement gagné ses galons de personnage emblématique d'une nation naissante. Il convient toutefois de souligner que le Congrès américain a reconnu en 1961 que Sam Wilson était bel et bien l'original *Uncle Sam.*

Thomas Nast, le père du dessin « officiel » de Oncle Sam, a aussi créé l'éléphant devenu l'emblème du Parti Républicain. Il a également imaginé l'âne du Parti Démocrate. En effet, pendant la campagne électorale de 1828, les adversaires d'Andrew Jackson (1767-1845) le surnommèrent *jackass* (âne, ou plus précisément baudet). Après son élection, le septième président des États-Unis (1829-1837) détournera habilement l'insulte en symbole de victoire. Et l'âne restera l'emblème de son parti. L'un et l'autre illustrent toujours les deux grandes formations du paysage politique des États-Unis.

Uncle Sam figure notamment sur de superbes affiches qui appellent les citoyens américains à s'engager dans l'armée lors de la Première Guerre mondiale. On y découvre un Oncle Sam de face, visage volontaire et index pointé vers les passants. Le tout signé d'un slogan sans équivoque : « *I want you for U.S. army.* » (J'ai besoin de vous pour l'armée américaine). Le 6 avril 1917, les États-Unis déclarent la guerre à l'Allemagne. Débarqué en France le 13 juin 1917, le général américain John Joseph Pershing dirigera le corps expéditionnaire américain en Europe pendant la Première Guerre mondiale (deux millions de soldats). Convaincu des multiples avantages que confère une stratégie de la mobilité (à l'inverse des Alliés qui privilégient une guerre de tranchées), le général Pershing remportera de brillantes victoires, notamment lorsqu'il viendra épauler le maréchal Foch dans la seconde bataille de la Marne (juillet 1918). Une violente contre-offensive qui, quatre mois plus tard, entraînera la capitulation allemande.

~

Les pastoureaux

Très populaire de son vivant et passé à la postérité sous le nom de saint Louis, le roi de la dynastie capétienne Louis IX (1214-1270) personnifie l'idéal du « roi chrétien » et du « roi croisé ». Ainsi conduit-il en 1248 la septième croisade vers l'Égypte qu'il atteint en juin 1249. Il prend Damiette, mais s'incline à Mansourah (avril 1250). Fait prisonnier à Fariskur, il sera libéré en échange d'une lourde rançon (voir aussi *Les croisés* et *Les Quinze-Vingts).*

La nouvelle de cette cuisante défaite touche les paysans les plus pauvres et entraîne une peur profonde dans le royaume. Car une idée simpliste se répand dans l'ensemble de la population : le très pieux Louis IX a été abandonné de Dieu ! Exploitant à merveille le vaste sentiment de malaise qui envahit alors le pays, un moine cistercien (surnommé le maître de Hongrie) rassemble une troupe hétéroclite composée de vagabonds, de mendiants et de bergers. Objectif : rejoindre et délivrer le roi. Sa mère, Blanche de Castille

(1188-1252), assure la régence depuis le départ de la septième croisade. Aussi encourage-t-elle cette initiative qui, dans un premier temps, ressemble à l'émergence d'une croisade populaire (voir aussi *Les croisés)*. Malheureusement, et cela se produisait souvent en pareilles occasions, sous couvert de croisade, cette horde de plusieurs dizaines de milliers d'hommes se livre aussitôt au pillage (contre les propriétaires fonciers), commet de multiples exactions et massacre les Juifs.

Ce mouvement anarchique qui se transforme en une sorte d'insurrection itinérante prend alors le nom de révolte des pastoureaux (au début du XIIe siècle, le terme *pasturel* désigne un jeune berger). Mais, dans le contexte qui nous occupe ici, le mot n'évoque en rien les grandes étendues bucoliques. En effet, au cours des mois de mai/juin 1251, ces pastoureaux déchaînés dévastent tout sur leur passage du nord-est au sud-ouest de la France. Le mouvement s'étend même en Rhénanie et dans le nord de l'Italie. En France, la répression s'organise et l'armée royale met rapidement fin à cette violente jacquerie qui s'achève par l'élimination des derniers pastoureaux dans le Berry et le Languedoc. Seuls quelques rescapés parviennent jusqu'à Marseille et s'embarquent pour Acre, alors capitale du royaume de Jérusalem.

Vers 1320, sous le règne de Philippe V (1292-1322), une nouvelle révolte des pastoureaux dévaste le sud-ouest du royaume. Menée par une poignée de doctrinaires qui naviguent parfois aux confins de la folie, cette pseudo-croisade populaire sème la terreur sur son passage. Ils volent, pillent, saccagent, s'en prennent aux représentants de l'autorité royale et, là encore, massacrent des communautés juives présentes dans de nombreuses villes de la vallée de la Garonne. Les troupes royales anéantissent le mouvement entre Toulouse et Carcassonne.

~

Les pétroleuses

La Commune de Paris commence dans la nuit du 17 au 18 mars 1871, quand Adolphe Thiers décide de désarmer Paris. Le chef du gouvernement provisoire veut récupérer les canons de la Garde nationale regroupés à Montmartre et à Belleville. Mais la foule et la Garde nationale encerclent la troupe. Les officiers sont désarmés. Thiers et le gouvernement se réfugient à Versailles.

Dès le 2 avril 1871, les combats font rage entre insurgés et soldats (les Versaillais) de l'armée régulière placée sous les ordres de Mac-Mahon. Cet affrontement se termine par la terrible répression de la « semaine sanglante ». Entre les 21 et 28 mai 1871, le mouvement insurrectionnel de la Commune de Paris est écrasé au terme de combats acharnés et meurtriers. À mesure qu'elle progresse dans la capitale, l'armée des Versaillais exécute ceux qu'elle arrête. De leur côté, les communards fusillent les otages. Paris est véritablement à feu et à sang ; rarement l'expression aura été aussi juste. Car de multiples bâtiments s'embrasent : les Tuileries, la Cour des comptes, l'Hôtel de Ville, le Palais de Justice et de nombreux hôtels particuliers (dont celui d'Adolphe Thiers). Aussitôt, la rumeur impute ces incendies aux pétroleuses, un groupe de femmes que l'on dit dirigé par l'emblématique Louise Michel (voir à ce nom). Certes, la courageuse Vierge rouge fit preuve d'un incontestable talent pour mobiliser les énergies, pour haranguer la foule et pour convaincre de nombreuses femmes qu'il leur fallait participer activement à l'insurrection communarde. Mais, contrairement à ce qui a été souvent suggéré, les pétroleuses n'ont jamais constitué de véritable mouvement organisé qui, à lui seul, aurait incendié méthodiquement (en utilisant du pétrole) ces points symboliques de la capitale. Mais il n'en fallait pas davantage pour idéaliser le combat sincère de quelques volontaires que l'imagerie populaire va représenter juchées sur des barricades, brandissant un drapeau rouge d'une main et, de l'autre, une torche enflammée.

~

Les poilus

~

Sur les 750 kilomètres de front de la Première Guerre mondiale, les soldats vivent dans l'enfer des tranchées, au milieu de la boue et du sang. Dire qu'il s'agit là de conditions épouvantables, hallucinantes ou effroyables, ne signifie rigoureusement rien. Car nous sommes ici dans l'indicible.

Pour sauvegarder le terrain conquis, les troupes s'enterrent. Mais ces tranchées (parfois fortifiées) se transforment rapidement en un labyrinthe boueux. Rats et poux pullulent. Mais les véritables compagnons du quotidien s'appellent l'angoisse et la mort. La tranchée ennemie se situe à quelques centaines de mètres, face aux soldats. Derrière eux, il y a les stocks de munitions et de vivres, l'état-major et les hôpitaux de campagne. Et quand l'ordre arrive, il faut monter à l'assaut qui se transforme le plus souvent en une boucherie sanglante. Face à l'horreur qu'ils subissent, certains combattants deviennent fous. Les plus solides seront marqués à jamais. De toutes les façons, cette guerre restera pour les survivants un choc sans précédent.

Dans de telles conditions extrêmes, inhumaines, face au seul instinct qui subsiste, celui de la survie, la plus élémentaire notion d'hygiène passe fort logiquement au second plan. Les soldats ne se rasent plus et ne se coupent plus les cheveux. Et beaucoup, après plusieurs semaines en première ligne, la fatigue aidant, ressemblent à d'hirsutes vagabonds, échevelés, regard absent et barbe au vent. Une image qui leur vaudra l'affectueux surnom de poilus (voir aussi *La der des der* et *Les gueules cassées).*

~

Les Quinze-Vingts

Le centre hospitalier national d'ophtalmologie des Quinze-Vingts se trouve aujourd'hui rue de Charenton, dans le XIIe arrondissement de Paris. À l'origine, au XIIIe siècle, l'établissement fut construit dans un espace qui couvrait l'actuelle place du Palais-Royal et qui s'étendait jusqu'au milieu du jardin des Tuileries. En 1779, l'hôpital fut transféré vers le faubourg Saint-Antoine, dans une ancienne caserne occupée par les Mousquetaires noirs (la couleur de leurs chevaux).

Fondé vers 1260 par Louis IX (saint Louis) l'hospice tire son appellation du nombre trois cents. En effet, le bâtiment disposait de trois cents lits. Or, 300 = 15 x 20. D'où Quinze-Vingts (avec un s à vingts !). Louis IX voulut cet hospice pour recueillir les aveugles de la capitale, mais aussi pour accueillir les pèlerins qui avaient eu les yeux crevés pendant la septième croisade (voir aussi *Les croisés*). Depuis sa fondation, l'hôpital a conservé sa spécificité dans le traitement des maladies des yeux. Spécialité dans laquelle il a acquis un niveau d'excellence internationale.

~

Le rasoir national

Sous l'Ancien Régime, la justice dispose d'une multitude de moyens, tous plus barbares les uns que les autres, pour exiger l'application de l'ultime sentence : la peine de mort. Les modalités d'exécution dépendent notamment du type de crime commis et de la condition sociale du condamné. Potence (voleurs), ébouillantage par l'huile ou l'eau (faux-monnayeurs), bûcher ou noyade (hérétiques), roue (bandits de grands chemins), écartèlement (régicides), etc. Seuls les nobles peuvent bénéficier de l'insigne honneur de la décapitation (à la hache ou à l'épée). Ce qui ne constitue d'ailleurs pas un avantage. En effet, tous les autres procédés de mise à mort portent en eux le concept de torture. Ils se transforment en une effrayante agonie et s'accompagnent toujours d'une horrible souffrance voulue par l'opinion et fort appréciée des spectateurs. Mais, dans la mesure où maints bourreaux maladroits, mal équipés ou tout simplement pervers devaient s'y reprendre à plusieurs fois pour trancher une tête, la décapitation n'offrait donc pas obligatoirement la certitude d'une mort rapide.

Dès les premiers mois de la Révolution de 1789, cette inégalité qui frappe les citoyens jusque dans la mort suscite un réel débat. Soutenu par Mirabeau, secrétaire de l'Assemblée nationale constituante, Joseph Ignace Guillotin (1738-1814) soumet dès octobre 1789 un projet de réforme du droit pénal. Il propose que « les délits de même genre seront punis par les mêmes genres de peines, quels que soient le rang et l'état du coupable ». Et ce médecin, franc-maçon et député du tiers état de Paris, demande dans la séance du 1er décembre 1789 que « la décapitation fût le seul supplice adopté et qu'on cherchât une machine qui pût être substituée à la main du bourreau ». Et il suggère que soit ainsi rédigé le texte relatif à la peine de mort : « Le criminel sera décapité ; il le sera par l'effet d'un simple mécanisme. » En juin 1791, sur proposition du député Le Peletier de Saint-Fargeau, le Code pénal précise : « Tout condamné à mort aura la tête tranchée. »

Contrairement à une idée largement répandue, Joseph Guillotin ne sera pas l'inventeur de cette machine à décapiter. En réalité, l'engin sera conçu par Antoine Louis, secrétaire perpétuel de l'Académie de chirurgie.

À n'en point douter, Louis s'inspire de différents mécanismes utilisés sur des machines à décapiter en Europe. Et il se fait aussi aider par Tobias Schmidt, un facteur de clavecin allemand. Ce dernier remplace notamment le couperet en forme de croissant par un couperet trapézoïdal (lourde lame surmontée d'un poids de 40 kg).

Les premiers essais se déroulent à l'hôpital de Bicêtre sur des moutons et des cadavres (avril 1792). Le fonctionnement est alors jugé satisfaisant ; mais comme s'il fallait rendre cette machine encore plus effrayante ou solennelle, on décide de la jucher sur une estrade, l'échafaud. Le 25 avril 1792, un voleur de grand chemin, Nicolas-Jacques Pelletier, sera la première victime de ce qui deviendra officiellement la guillotine, même si certains la baptisèrent d'abord dans un premier temps la louisette en référence à Antoine Louis. Quant à Joseph Ignace Guillotin, il a toujours souffert que cette machine à décapiter portât finalement son nom.

L'engin fut aussi affublé de multiples surnoms. Le plus utilisé restant probablement le rasoir national. Mais, au gré des modes, la guillotine s'appela aussi : la louison (toujours en référence à Antoine Louis), la mirabelle (référence à Mirabeau qui soutint Guillotin), la cravate à Capet (après l'exécution du roi capétien Louis XVI), la monte-à-regret ou l'abbaye de Monte-à-Regret, la veuve, la bascule à Charlot (référence au premier « utilisateur », Charles-Henri Sanson), etc. On trouve aussi des expressions relevant plus directement de l'argot de certaines professions. Par exemple : les bois de justice (pour les magistrats), la bécane ou le massicot (pour les bourreaux).

En France, les exécutions capitales cesseront de se dérouler en public à partir de juin 1939. La guillotine fonctionnera pour la dernière fois le 10 septembre 1977, à Marseille, dans la prison des Baumettes, pour l'exécution de Hamida Djandoubi. Le 18 septembre 1981, quatre mois après l'élection de François

Mitterrand à la présidence de la République, l'Assemblée nationale vote l'abolition de la peine de mort présentée par le garde des Sceaux, Robert Badinter. La loi est promulguée le 9 octobre 1981.

~

Les sans-culottes

À la fin du XVIIIe siècle, aristocrates et bourgeois portent des culottes de soie, tandis que commerçants, artisans et ouvriers se contentent de grossiers pantalons de toile. Ainsi, à partir de 1791, les révolutionnaires parisiens vont tout naturellement opter pour l'expression sans-culotte afin de marquer clairement leur différence. Dès lors, le sans-culotte devient un personnage emblématique de la Révolution française souvent caricaturé sous les traits d'un émeutier en guenilles qui, armé d'une simple pique, participe aux plus sanglantes manifestations. Bien évidemment, dans la bouche de l'aristocratie contre-révolutionnaire, le terme sans-culotte tient lieu d'injure suprême.

Les sans-culottes se rassemblent dans les 48 « sections » de Paris (il s'agit de circonscriptions électorales) ; on les appellera donc aussi les « sectionnaires ». En principe, ces sections (organismes de la vie de quartier institués dès 1790) n'accueillent que les citoyens actifs (c'est-à-dire ceux qui disposent du droit de vote, contrairement aux citoyens passifs). Toutefois, les sans-culottes sont restés armés depuis 1789 et le rôle qu'ils jouent dans le déroulement même de la Révolution leur donne finalement voix au chapitre. D'ailleurs, ils participent également de façon active à la vie des clubs (clubs des Cordeliers, des Jacobins, de l'Évêché, Société fraternelle des deux sexes).

Les sans-culottes, qui se posent en fervents défenseurs de l'égalité, optent pour le tutoiement patriote démocratique et chantent avec passion *La Carmagnole*. Ils portent aussi un bonnet rouge inspiré de celui des esclaves affranchis de Phrygie (Asie Mineure) pour souligner leur parenté avec les démocrates de l'Antiquité grecque.

Dans l'extrait qui suit, daté du printemps 1793, le journal de Jacques Hébert (1757-1794), *Le Père Duchesne*, présente le sans-culotte comme un citoyen révolutionnaire idéal :

« Le sans-culotte est un être qui va toujours à pied, qui n'a point de millions, comme vous voudriez tous en avoir, point de châteaux, point de valets pour le servir, et qui loge tout simplement avec sa femme et ses enfants, s'il en a, au quatrième ou au cinquième étage. Il est utile, il sait labourer un champ, forger, scier, limer, couvrir un toit, faire des souliers et verser jusqu'à la dernière goutte de son sang pour le salut de la République… Au reste un sans-culotte a toujours son sabre pour fendre les oreilles à tous les malveillants. Quelquefois il marche avec sa pique, mais au premier bruit du tambour, on le voit partir pour la Vendée, pour l'armée des Alpes ou pour l'armée du Nord. »

~

Les suffragettes

~

Au début du XXe siècle, un mouvement féministe s'organise au Royaume-Uni pour exiger de l'État qu'il accorde le droit de vote aux femmes. Et, dans la mesure où le mot suffrage (vote) existe avec la même acception en français et en anglais, les militantes de ce mouvement furent appelées les suffragettes des deux côtés de la Manche *(The Suffragette Movement).*

Dans un essai intitulé *A Vindication of the Rights of Women* (Défense des droits des femmes, 1792), Mary Wollstonecraft revendique pour la première fois le droit de vote pour les femmes. Vers le milieu du XIXe siècle, le philosophe et économiste anglais John Stuart Mill (1806-1873), l'un des pères de la théorie de l'utilitarisme, soutient activement le droit de vote des femmes. Mais, dans la mesure où la charismatique reine Victoria (1819-1901) s'opposait au vote des femmes, les différents projets de loi présentés à cette époque au Parlement furent soigneusement écartés afin de ne pas déplaire à Sa Majesté.

Il faut donc attendre 1903 pour que Emmeline Pankhurst fonde le *Women's Social and Political Union* (WSPU), organisation bien décidée à obtenir l'égalité électorale entre femmes et hommes. Ce mouvement entreprend donc de multiples manifestations et il ne cache pas son ambition d'accomplir des actions violentes et provocatrices. En 1907, Emmeline Pankhurst organise une marche sur la Chambre des communes. Et des militantes déterminées s'enchaînent devant le Parlement et devant la résidence officielle du Premier ministre (10, *Downing Street*). Devant la quasi-indifférence que manifestent la plupart des hommes politiques, les suffragettes passent à la vitesse supérieure. Elles décident de longues grèves de la faim et du sommeil, puis organisent de spectaculaires actions de vandalisme qui débouchent bien évidemment sur de nombreux emprisonnements.

Le WSPU interrompt ses ardentes campagnes quand éclate la Première Guerre mondiale. Emmeline Pankhurst encourage même les femmes à s'engager dans les services auxiliaires de l'armée ou à travailler dans les usines. Une attitude qui contribue probablement à modifier la perception des esprits les plus conservateurs. Ainsi, en 1918, le WSPU obtient une première victoire : les femmes âgées de plus de trente ans obtiennent le droit de vote. Mais sous certaines conditions : être propriétaire terrienne ; être locataire, avec un loyer annuel supérieur à 5 livres (le conjoint pouvant remplir ces conditions) ;

être diplômée d'une université britannique. L'égalité totale avec les hommes en matière électorale ne surviendra que dix ans plus tard. En France, les femmes obtiennent le droit de vote en 1944.

~

Le toit du monde

~

Composé d'une série de chaînes parallèles, l'Himalaya constitue l'ensemble montagneux le plus élevé du monde. Il possède une centaine de sommets qui dépassent les 7 000 mètres. L'un d'eux, le mont Everest, culmine à 8 850 mètres. Cette altitude en fait la plus haute montagne de la planète et vaut à l'Everest le surnom de toit du monde. Appellation que l'on attribue aussi parfois à l'ensemble de la chaîne de l'Himalaya.

Le système himalayen s'étend sur un arc de cercle d'environ 2 400 km. Il part de l'Indus (nord du Pakistan) pour se prolonger vers l'est à travers le Cachemire, une partie du sud Tibet, la majeure partie du Népal, puis de l'État indien du Bhoutan. La chaîne himalayenne couvre une superficie de 600 000 km^2.

Les habitants des régions himalayennes vouent un véritable culte au mont Everest. Ils le considèrent comme un lieu sacré et, encore aujourd'hui, le toit du monde exerce une véritable fascination sur tous les alpinistes. L'Everest reste pour eux à la fois une épreuve ultime et une sorte de quête initiatique. En 1953, le Néo-Zélandais Edmund Hillary et le sherpa népalais Tenzing Norgay furent les premiers à atteindre le sommet de l'Everest. Depuis, des milliers d'alpinistes ont tenté l'ascension sans toujours connaître le succès (une tentative sur six se solde par un décès).

~

La ville rose

~

Au premier siècle avant J.-C., les Romains occupent la ville fondée par une tribu celte sur le dernier gué de la Garonne avant l'océan. Ils la baptisent *Tolosa* et y introduisent la technique de fabrication de la tuile et de la brique. Deux procédés qui utilisent la même matière première : l'argile.

Le sol argileux de la vallée de la Garonne se prêtait à merveille à l'exploitation de cette technique qui se développe donc rapidement. En effet, fabriquer sur place des briques et des tuiles pour construire les maisons de la future agglomération de Toulouse coûtait beaucoup moins cher que de s'approvisionner en pierres venues du Massif Central ou des Pyrénées pourtant toutes proches. Et comme l'argile prend cette couleur si caractéristique dans son processus de cuisson, Toulouse devint donc la ville rose.

~

PÉRIODES

Les Années folles
(1920-1930)

~

Après la terrible tragédie meurtrière de la Première Guerre mondiale, nombre de Français aspirent à retrouver liberté et joie de vivre. Un peu comme si certains survivants voulaient savourer l'euphorie d'une paix retrouvée, tandis que d'autres tentaient d'oublier l'horreur dévastatrice du conflit. Cependant, cette période qui va de 1920 à 1930 n'exprime pas seulement une sorte de frénésie générale attisée par de nouveaux plaisirs enivrants. En effet, les Années folles correspondent aussi à une grande effervescence intellectuelle, culturelle, commerciale et industrielle.

Il y a là l'émergence d'exceptionnels talents qui se retrouvent à Paris dans le quartier Montparnasse. On y voit des peintres et des sculpteurs (Modigliani, Van Dongen, Zadkine), des photographes, des écrivains (ceux du mouvement surréaliste et les Américains de la *lost generation).* À l'évidence, cette période favorise la créativité dans moult domaines en contribuant par exemple au succès du jazz, de Joséphine Baker et du charleston. Sans oublier bien sûr une forme de nouvel art de vivre symbolisé par le style Arts déco et par les créations de Coco Chanel (voir à ce nom). La femme porte cheveux courts et jupe à hauteur du genou, tandis que Victor Margueritte suscite le scandale en publiant *La Garçonne* (1922). Mais il faut encore souligner que les Années folles sont portées par l'exceptionnel essor de la presse, des chemins de fer, de la voiture, mais aussi par l'émergence de la radio et du cinéma. Bref, ce mouvement d'une incontestable ampleur touche de multiples domaines de la vie sociale, et il ne doit pas se résumer aux démonstrations festives, voire exubérantes, d'un peuple en goguette qui n'aurait songé qu'à exacerber le goût de l'excentricité.

Bien évidemment, tout ce que la France compte de moralisateurs patentés dans la gent trotte-menu des politiciens et des ecclésiastiques poudrés à frimas se mit en branle pour s'insurger contre les comportements de cette jeunesse qu'ils considéraient comme dévoyée. Ils ne pourront rien pour enrayer cette soif de liberté qui prendra fin avec la crise économique de 1929 provoquée à Wall Street par le krach boursier du 24 octobre, le célèbre « Jeudi noir » (voir à ce nom).

~

La Belle Époque
(1890-1914)

~

Le 2 septembre 1870, la guerre contre la Prusse se termine par le désastre de Sedan. Napoléon III capitule et la chute du Second Empire donne naissance à la IIIe République. Adolphe Thiers devient président de la République en août 1871. La France va ensuite entrer dans une période de prospérité et de créativité culturelle qui sera particulièrement exceptionnelle pendant la Belle Époque, entre 1890 et 1914. Avec les Années folles et les Trente Glorieuses (voir à ces noms), ce moment privilégié marque l'un des trois âges d'or du XXe siècle.

Depuis 1820, le taux de croissance stagnait autour de 1,5 %. Il a doublé au tournant du siècle et passe à plus de 5 % dans les années qui précèdent la Première Guerre mondiale. Et sur la période qui correspond plus précisément à la Belle Époque, les salaires progressent de 60 %. Par ailleurs, le pays connaît une grande stabilité monétaire et une inflation pratiquement nulle. Dans ce contexte plutôt favorable, les grandes villes continuent de se moderniser. Le préfet Eugène René Poubelle impose aux Parisiens la collecte des ordures ménagères, tandis que « eau et gaz à tous les étages » devient la devise à la mode. Sans oublier l'électricité et l'ascenseur ! Les immeubles prennent de la hauteur et la tour Eiffel symbolise l'avènement du progrès technique lors de l'Exposition universelle de 1889. Et, une dizaine d'années plus tard, Paris se dote d'un métropolitain qui se permet de promouvoir le style Art nouveau par le truchement de ses superbes entrées confiées à Hector Guimard : des structures en fonte moulée, fer et verre, inspirées du monde végétal. Ce style qui se caractérise par ses formes courbes et fleuries se retrouve au Théâtre des Champs-Élysées (frères Perret), au Grand Palais (Deglane) et au Petit Palais (Girault). Mais aussi dans l'ébénisterie de Louis Majorelle ou dans la verrerie d'Émile Gallé.

Quant à la peinture, elle connaît également un extraordinaire moment de créativité foisonnante. Avec, notamment, Édouard Manet, Claude Monet, Paul Cézanne et Pablo Picasso. Pendant cette période, des écoles naissent et se développent : impressionnisme, pointillisme, fauvisme, cubisme. Montparnasse et Montmartre (à Paris), mais aussi Giverny, Avignon, Auvers-sur-Oise ou Pont-Aven deviennent des lieux presque mythiques où tous les talents se rencontrent. Et la sculpture connaît, elle aussi, une exceptionnelle activité : Auguste Rodin, Aristide Maillol, Antoine Bourdelle, Jules Dalou.

Les Français dansent, chantent et pataugent dans l'insouciance avant de s'enliser dans l'enfer de la Première Guerre mondiale. Un bel inconnu, Maurice

Chevalier, se produit à l'Alhambra (1907) et Mistinguett fait ses débuts au Moulin-Rouge. Tous deux se retrouvent en 1912 dans une revue des Folies Bergère. Grandes salles ou cabarets affichent tous complet : la Cigale, Bobino, les concerts Mayol, le Moulin de la Galette, le Chat-Noir… La frivolité reste de mise. Face à la montée des périls qui guettent, la France s'encanaille, s'enivre et n'entend pas les bruits de bottes.

~

Le blitz de Londres

(7-15 septembre 1940)

~

Le terme *blitz* évoque le mot allemand *Blitzkrieg* formé à partir de *blitz* (éclair) et *krieg* (guerre). Un *blitz* qualifie donc un combat de courte durée et il correspond à une guerre éclair, à une offensive militaire fondée sur la mobilité (on retrouve aussi le mot *blitz* dans des parties de jeu d'échecs où le temps de réflexion des joueurs est très limité). Mais, dans la mémoire collective, le *blitz* de Londres correspond à l'effroyable campagne de bombardements allemands qui toucha très lourdement la capitale britannique pendant la Seconde Guerre mondiale, entre le 7 et le 15 septembre 1940. Pour être précis, le *blitz* de Londres s'intègre dans la bataille d'Angleterre qui oppose la Luftwaffe à la Royal Air Force (RAF) entre août 1940 et juin 1941 et qui a coûté la vie à plus de 43 000 citoyens britanniques.

Entre le 8 et le 18 août, l'aviation allemande prend pour cibles les ports et la marine britanniques. À partir du 24 août, la Luftwaffe vise surtout les bases de la

RAF. Or, toujours obnubilé par le principe de guerre éclair qui lui a si bien réussi en Pologne et pendant la bataille de France, Hitler a décidé de débarquer sur les côtes anglaises dès le 15 septembre 1940. Mais, pour mener à bien l'opération Otarie (invasion des îles Britanniques), la Luftwaffe de Göring doit d'abord s'assurer la maîtrise de l'espace aérien. Hitler décide donc le bombardement massif du territoire britannique dans le but de détruire les infrastructures et de terroriser la population.

Dans la nuit du 24 août 1940, des bombardiers allemands lâchent leurs bombes sur le centre de Londres. En guise de représailles, Winston Churchill ordonne des raids sur des sites industriels allemands de Berlin, Essen et Düsseldorf. C'est le début de l'escalade. Les Allemands répondent par de nouveaux raids sur Londres et Liverpool. Et, le 7 septembre 1940, Hermann Göring organise une gigantesque attaque diurne sur l'East End londonien. Conséquence : 430 morts, plus de 1 600 blessés et des milliers de sans-abri. Les jours suivants, de nouveaux bombardements massifs des principales villes anglaises visent à saper le moral de la population. Mais aussi à désorganiser l'économie et à déstabiliser le gouvernement. Cependant, face à la détermination de la RAF, la Luftwaffe ne parvient pas à s'imposer. D'autant que des pilotes polonais, tchèques, norvégiens, belges, néerlandais et français rejoignent ses rangs. De surcroît, la RAF parvient à pilonner les bases allemandes et les liaisons ferroviaires entre Anvers et Le Havre, là où se prépare activement l'invasion. Le 15 septembre, la BBC annonce que 61 avions ennemis ont été abattus en une seule journée. Deux jours plus tard, le commandement allemand constate : « L'aviation ennemie n'a enregistré aucune perte décisive. En conséquence, le Führer a décidé de remettre *sine die* l'invasion. »

Au sens premier du terme, le *blitz* se termine, mais la bataille d'Angleterre se poursuit. En effet, à partir d'octobre 1940, grâce à un nouveau procédé de radionavigation, la Luftwaffe privilégie les attaques nocturnes, ce qui lui permet de réduire ses pertes. Ainsi, durant des mois, les Anglais continuent de subir les raids de véritables armadas de 200 à 300 avions qui larguent chaque nuit des tonnes de bombes explosives ou incendiaires. Hermann Göring élargit d'ailleurs le champ d'action de ses frappes. Il touche Coventry, Manchester, Plymouth, Bristol, Glasgow et Belfast. Sans, bien sûr, oublier Londres qui a vu fuir un quart de sa population, exténuée par les privations, par la peur légitime, par le rituel des alertes, par le couvre-feu. Certains se réfugient même des semaines durant dans les couloirs du métro, lieu d'abri privilégié des habitants de la capitale. Mais, au début de l'été 1941, la bataille d'Angleterre se termine par une incontestable défaite du IIIe Reich. De toutes les façons, Hitler a appelé la Luftwaffe à se déployer vers l'Europe de l'Est. Un mouvement qui prépare l'opération Barbarossa, l'attaque surprise de l'URSS.

~

La chasse aux sorcières
(début des années 1950)

~

Lancée aux États-Unis au début des années 1950, la chasse aux sorcières (ou maccarthysme) désigne une ignoble campagne politique et judiciaire mise en œuvre (et mise en scène) par le sénateur républicain Joseph Raymond McCarthy (1908-1957). Alors qu'il prétendait lutter contre les « activités antiaméricaines », McCarthy visait essentiellement les communistes. Et cette chasse aux sorcières soigneusement organisée mena à l'instauration d'un exécrable climat de suspicion généralisée.

Au lendemain de la Seconde Guerre mondiale, le président démocrate Harry Truman (1884-1972) s'inquiète de l'expansion communiste (notamment en Europe). Et une sorte de paranoïa collective envahit les rouages de l'administration. Aussi ordonne-t-il une enquête sur la loyauté des fonctionnaires de son propre pays. Ainsi, à partir de 1949, l'anticommunisme atteint son paroxysme. L'arrivée au pouvoir de Mao Tsé-toung en Chine et les essais sur une bombe atomique en URSS contribuent bien évidemment à attiser les passions. La rumeur avance même l'idée que des traîtres ont pu travailler pour la cause communiste.

Démagogue sans scrupules, McCarthy prétend en 1950 que des communistes travaillent toujours au département d'État. Une affirmation qui, en pleine guerre froide, trouve un bel écho. S'ensuit une véritable psychose : la « frayeur rouge » n'épargne personne. Libéraux, démocrates et intellectuels de gauche sont accusés de favoriser le succès du communisme.

C'est dans ce climat délétère que se déroulent le procès et l'exécution des époux Rosenberg, accusés d'espionnage au profit de l'URSS. Et, à partir de 1952, McCarthy lance une grande campagne de chasse aux sorcières qui vise la fonction publique, mais aussi les artistes et intellectuels. Accusés de sympathies communistes, des milliers de fonctionnaires et de personnalités du monde du spectacle voient leur carrière brisée. À Hollywood, les studios de cinéma dressent des listes noires : Charlie Chaplin, Joseph Losey et Jules Dassin s'exilent aussitôt en Europe. Et l'acteur John Garfield se suicide.

En 1954, McCarthy accuse certains membres de l'armée américaine de protéger des activités d'espionnage. Totalement discrédité par le procès qui s'ensuit, puis censuré par le Sénat pour les attaques perpétuelles qu'il mène contre ses collègues et en raison de ses méthodes d'investigation McCarthy aura très largement contribué à créer une atmosphère de crainte et de suspicion qui mettra de longues années avant de se dissiper.

~

La drôle de guerre

(3 septembre 1939-10 mai 1940)

~

Assuré du soutien de l'URSS, Hitler attaque la Pologne le 1er septembre 1939. Assaut qui se termine par la prise de Varsovie le 6 octobre. Et, comme le stipulait le pacte germano-soviétique signé le 23 août 1939, les deux pays se partagent la Pologne et les États baltes. Cependant, dès le 3 septembre, la France et le Royaume-Uni ont déclaré la guerre à l'Allemagne. Une curieuse situation se met alors en place.

Malgré sa première campagne victorieuse en Pologne, l'armée d'Hitler ne bronche pas. Chacun reste sur ses positions : derrière la Ligne Maginot, les Alliés attendent l'assaut des Allemands qui campent pour leur part derrière la Ligne Siegfried (voir aussi *La Ligne Maginot, la Ligne Siegfried* et *le Mur de l'Atlantique*). À peine troublé par quelques escarmouches, le calme se prolonge jusqu'au 10 mai 1940. Cette période prendra le nom de drôle de guerre, expression revendiquée par le journaliste et écrivain Roland Dorgelès (1885-1973).

La drôle de guerre prend donc fin le 10 mai 1940 avec l'offensive d'Hitler connue sous le nom de bataille de France : invasion des Pays-Bas, de la Belgique, du Luxembourg et de la France. Cette opération d'envergure menée par l'armée allemande se termine par une véritable débâcle des troupes françaises. À la mi-mai, les blindés d'Hitler réussissent la percée de Sedan. Les alliés britanniques se replient vers Dunkerque et 350 000 soldats doivent évacuer le territoire français. Le 12 juin, le gouvernement de Paul Reynaud se replie en Touraine avant de gagner Bordeaux. Deux jours plus tard, les troupes allemandes entrent dans Paris. Le 16, le maréchal Pétain constitue un cabinet. Le lendemain, il s'adresse aux Français à la radio : « C'est le cœur serré que je vous dis aujourd'hui qu'il faut cesser le combat. Etc. » Le 22 juin 1940, la bataille de France se termine et l'armistice est signé dans un wagon, à Rethondes (près de Compiègne). Cette offensive d'une ampleur exceptionnelle menée en mai/juin 1940 avec une rare maîtrise de la stratégie et une parfaite coordination (assaut conjugué des blindés, de l'aviation et de l'infanterie) prit le surnom de guerre éclair.

Toujours déterminé à ne pas capituler, le jeune général de Gaulle s'est envolé pour Londres dès le 17 juin. Le lendemain, il lance son célèbre appel radiophonique sur les ondes de la BBC. Un texte parfois complexe, mais dont l'histoire retiendra : « Quoi qu'il arrive, la flamme de la résistance française ne doit pas s'éteindre et ne s'éteindra pas ! »

~

Le Jeudi noir

(24 octobre 1929)

~

La croissance rapide que connaissent les États-Unis pendant les années 1920 (voir *Les années folles*) repose notamment sur la rationalisation du travail et sur de formidables avancées techniques. L'exceptionnelle poussée de la production industrielle entraînant dans son sillage une spéculation boursière sans précédent. Seuls exclus de cette spirale d'abondance : les agriculteurs. Car ils souffrent de la baisse des prix des produits de gros. Quant à l'Europe, elle entre dans une phase de croissance vers 1925-1926. Mais les fondations de cette croissance paraissent partout bien fragiles. L'économie américaine semble afficher une bonne santé, alors que la surproduction industrielle se conjugue à la spéculation boursière et au recours parfaitement irrationnel au crédit.

Mi-octobre 1929, les prix commencent à baisser et on enregistre les premières annonces d'une chute des bénéfices industriels. Les spéculateurs commencent à vendre leurs actions et les cours plongent immédiatement. La panique atteint son paroxysme le 24 octobre, ce fameux jeudi noir où 13 millions de titres ne parviennent même pas à trouver des acheteurs malgré le prix excessivement bas qui est proposé. En d'autres termes, les actions ont perdu toute valeur monnayable et cet effondrement des cours s'étend à toutes les valeurs de Wall Street. Conséquence : des centaines de milliers de petits actionnaires se trouvent aussitôt ruinés et un effrayant mécanisme s'enclenche. Irrémédiablement. La plupart des banques américaines font faillite : elles ont accordé beaucoup trop de crédits dans les années précédentes à des clients qui ne sont plus solvables ; quant à ceux qui ont déposé quelques économies, ils ne peuvent bien évidemment pas récupérer leurs fonds.

Aussi la crise va-t-elle gagner le monde entier lorsque les banques américaines encore sur pied réclament le remboursement de leurs prêts à l'étranger. Le système bancaire autrichien et allemand perd pied. Suite à la surproduction des années 1920, la production industrielle et agricole s'effondre sur l'ensemble de la planète. On en vient même à détruire des stocks de blé et de voitures invendues. En Grande-Bretagne, la livre sterling se déprécie de 40 %, entraînant avec elle une trentaine de monnaies. Quant aux dévaluations monétaires et autres mesures protectionnistes prises ici ou là, elles ne font qu'accroître la récession. Dans tous les pays, le chômage n'en finit pas de grimper, le malaise social s'étend, le marasme s'installe (au milieu des années 1930, on estime qu'un cinquième de la population britannique est sous-alimenté).

Aux États-Unis, la crise atteint son apogée au début de 1933, juste après l'élection du démocrate Franklin

D. Roosevelt. Porté par son célèbre New Deal, il donne à l'État un imposant pouvoir d'intervention. Ainsi, face à la défaillance des lois du marché, l'État joue un rôle fondamental de régulateur (distribution sociale, grands travaux). Roosevelt lance alors de vastes programmes d'infrastructures. La confiance revient peu à peu.

Le jeudi noir de 1929 et ses conséquences en chaîne restent la première grande crise du système capitaliste. Elle favorisera, pour un temps, l'essor d'une politique interventionniste seule capable d'endiguer les dérives d'une économie entièrement menée par le libéralisme sauvage.

~

La monarchie de Juillet
(7 août 1830-24 février 1848)

~

Les Trois Glorieuses
(27-28-29 juillet 1830)

~

La monarchie de Juillet n'a pas duré qu'un mois ! Elle prend pour référence les journées insurrectionnelles qui se déroulent à Paris à la fin du mois de juillet 1830. Ces trois journées, 27, 28 et 29 juillet, s'appelant pour leur part les Trois Glorieuses.

En fait, la monarchie de Juillet correspond à la période qui couvre le règne du dernier roi des Français (et non plus de France), Louis-Philippe Ier (fils de Louis Philippe, dit « Égalité », qui avait voté la mort de son cousin Louis XVI). La monarchie de Juillet dure près de dix-huit ans. Elle s'étend du 7 août 1830 au 24 février 1848 et elle voit de nouveau accéder au trône de France la branche des Bourbons-Orléans issue de Philippe d'Orléans (1640-1701), frère de Louis XIV. Une autre insurrection, celle des 22 et 23 février 1848, mettra fin à la monarchie de Juillet. Louis-Philippe Ier abdique le 24 février. Le soir même, un gouvernement provisoire proclame la naissance de la IIe République.

Quant à l'avènement des Trois Glorieuses, on peut dire qu'elles connurent une longue gestation. En effet, les prémices de cette insurrection prennent racine dans la période qui succède à la chute de Napoléon Ier. Vaincu à Leipzig (1813) par l'assaut général des coalisés (Angleterre, Autriche, Russie, Prusse et Suède), l'empereur abdique le 6 avril 1814. Le Sénat impérial rappelle en France « Louis Stanislas Xavier, frère du dernier roi ». En clair, Louis XVIII (1755-1824, frère de Louis XVI) s'installe donc aux Tuileries (3 mai 1814) et restaure une monarchie constitutionnelle garantie par une Charte (4 juin 1814) qui s'inspire du régime anglais. La Charte reconnaît les avancées révolutionnaires (égalité civile et droit de la presse) et un pouvoir législatif composé de deux Chambres : celle des pairs et celle des députés. Les pairs sont nommés à vie par le roi et héréditaires. Quant à la Chambre des députés, elle est constituée de propriétaires fonciers et de membres de l'ancienne aristocratie. En effet, pour devenir député, il faut payer plus de 1000 francs d'impôts directs par an. Et pour être électeur, il faut en payer plus de 300.

Mais voilà que Napoléon refait surface en mars 1815 ! S'ensuit la période des Cent-Jours et une nouvelle coalition de l'Europe contre l'empereur, la bataille de Waterloo mettant définitivement fin à l'Empire, le 18 juin 1815. Exilé à Gand pendant les Cent-Jours, Louis XVIII retrouve son trône en juillet 1815. Commence alors la Seconde Restauration (1815-1830) marquée par le règne de Louis XVIII (1815-1824), puis par celui de son frère Charles X (1824-1830).

En mars 1830, lors de l'ouverture de la session de la Chambre, le roi prononce un discours particulièrement maladroit, voire agressif, à l'encontre de l'opposition. Celle-ci réagit, le ton monte et le roi dissout une Chambre qui lui était devenue hostile. Sort alors des urnes une nouvelle assemblée encore plus rebelle et libérale que la précédente. L'épreuve de force s'engage. Et Charles X (1757-1836) commet l'irréparable en signant cinq ordonnances édictées en dehors du contrôle des deux Chambres (26 juillet 1830) : nouvelle dissolution de la Chambre des députés ; procédure d'autorisation préalable en matière de liberté de la presse ; modification restrictive du système électoral (révision du calcul du cens), etc. Ces ordonnances « liberticides » mettent le feu aux poudres. Elles déclenchent les journées insurrectionnelles des Trois Glorieuses (27-28-29 juillet) qui mènent à l'abdication de Charles X (2 août 1830).

Le 27 juillet 1830, la presse d'opposition paraît, malgré l'interdiction. Et la police détruit les presses du journal *Le Temps.* Des coups de feu éclatent ici et là. Le 28 juillet, des barricades se dressent et des combats meurtriers ensanglantent les rues de Paris. La Garde royale se bat sans grande conviction et les troupes de ligne se rangent aux côtés du peuple. Dans l'après-midi, le drapeau tricolore flotte sur Notre-Dame et sur l'Hôtel de Ville. Charles X s'enferme au château de Saint-Cloud. Le 29 juillet, les barricades couvrent Paris, mais La Fayette reçoit le commandement d'une garde nationale curieusement ressuscitée. L'émeute grandit et les insurgés se rendent maîtres de la capitale au prix de furieux combats qui font plusieurs centaines de morts. Le peuple envahit les Tuileries.

Toutefois, l'idée d'un retour du duc d'Orléans imprègne les esprits. Finalement, le fils de Philippe Égalité accepte le titre de lieutenant général du royaume (31 juillet). Le 2 août, Charles X abdique, puis quitte aussitôt la France pour l'Angleterre. Et, le 7 août 1830, Louis-Philippe Ier, roi des Français (et non plus de France), monte sur le trône. En souvenir des Trois Glorieuses du mois de juillet, s'ouvre ainsi une période que l'histoire a baptisée monarchie de Juillet.

En 1790, le nouveau roi des Français appartenait au club des Jacobins et il avait combattu dans les rangs de l'armée républicaine à Valmy, Jemmapes et Neerwinden. Ainsi, avec Louis-Philippe Ier, le drapeau tricolore se substitue au drapeau à fleurs de lis.

La monarchie de Juillet révise la Charte. Par exemple : suppression des ordonnances et de l'hérédité des pairs, abaissement du cens à 200 francs pour être électeur et à 500 francs pour être élu. En fait, Louis-Philippe Ier se glisse dans les atours d'un « roi bourgeois ». Aussi, d'aucuns ne manquent-ils pas de qualifier ce régime de monarchie « bâtarde ». Et, dans la complexité des jeux de pouvoir, Louis-Philippe Ier cherche une voie médiane, une espèce de juste milieu ou d'« extrême centre » susceptible de concilier les héritages de l'Ancien Régime et ceux de la Révolution. Pari impossible.

Les difficultés commencent avec la révolte des canuts de Lyon (1831). Puis survient une épidémie de choléra (1832). Quant à l'opposition républicaine, elle réclame le suffrage universel. Les troubles s'intensifient en 1839 et 1840. C'est alors que François Guizot (1787-1874) va marquer de son empreinte la fin de la monarchie de Juillet en jouant le rôle d'un véritable chef du gouvernement entre 1840 et 1848. Mais il ne sent pas venir le vent de la fronde populaire.

Apparition du machinisme, débuts de l'essor industriel, développement urbain, investissements dans le réseau ferroviaire (mais aussi dans les routes, ports et canaux), développement du commerce et de la finance creusent chaque jour davantage le fossé entre richesse et pauvreté. D'un côté, l'opulent bourgeois accumule les profits ; de l'autre, miséreux, ouvriers, artisans et peuple des bas-fonds tentent de survivre. Une réalité que le roman social naissant saura parfaitement mettre en scène.

Sous la monarchie de Juillet, l'argent a remplacé l'honorable distinction que procurait la particule sous l'Ancien Régime. Ainsi, deux cent mille privilégiés peuvent voter (sur une trentaine de millions de Français). Par ailleurs, dans la population adulte des grandes villes, 70 % des individus ne peuvent même pas léguer à leurs proches la somme nécessaire à leur enterrement ! C'est dans ce contexte que François Guizot lance en août 1841 à ses électeurs du Calvados (Saint-Pierre-sur-Dives) : « Enrichissez-vous par le travail, par l'épargne et par la probité. »

Guizot cristallise sur son nom le mécontentement populaire. Insensible à toute revendication, il refuse une nouvelle fois d'abaisser le cens électoral (seuil d'imposition ouvrant le droit de vote). Le feu couve. Et Guizot commet une nouvelle bourde en interdisant la réunion festive qui devait marquer, dans la capitale, la fin de la « campagne des banquets », ces rassemblements organisés par l'opposition à travers le pays pour mobiliser l'opinion et réclamer des réformes. Le 22 février 1848, étudiants, artisans et ouvriers décident de manifester sous une pluie battante. Le 23 février, des barricades s'élèvent et les premiers coups de feu claquent. Mais la Garde nationale fraternise avec les manifestants en criant : « Guizot démission. » À 14 heures, Louis-Philippe Ier décide de congédier Guizot. Le dernier roi des Français abdique le 24 février 1848 et s'enfuit en Angleterre. Le soir même, un gouvernement provisoire (notamment composé de Lamartine, Ledru-Rollin, Louis Blanc et Arago) proclame la naissance de la IIe République.

~

Les Trente Glorieuses
(1945-1975)

~

Avec la Belle Époque et les Années folles (voir à ces noms), l'expression des Trente Glorieuses (1945-1975) désigne l'une des périodes les plus fastes du XXe siècle. Ces trois décennies de très forte croissance économique débutent au sortir de la Seconde Guerre mondiale dans un pays exsangue. L'urgence de la reconstruction entraîne un développement industriel et financier sans précédent que l'ampleur du premier choc pétrolier (1974) viendra stopper brutalement.

Pendant cette période, le plan Marshall (à partir de 1948) soutient la croissance. La manne financière américaine (près de trois milliards de dollars sur quatre ans) contribue à la reconstruction de l'économie européenne. Sans oublier l'arrière-plan politique. En effet, le plan Marshall marque aussi très clairement la volonté américaine de contenir l'influence communiste sur le Vieux Continent. Parallèlement, l'État intervient dans le secteur productif par le truchement de nationalisations symboliques (par exemple, Renault et le Crédit

Lyonnais). Dès 1949, la production de biens manufacturés retrouve son niveau d'avant-guerre. À partir de cette date, il ne cessera plus de croître.

Pendant les Trente Glorieuses, les salaires progressent, la Sécurité sociale se met en place et la France connaît une situation de plein-emploi (le taux de chômage n'excède jamais 3 % de la population active). Et, à l'instar de tous les pays industrialisés, la France se convertit sans aucune difficulté à la religion de la consommation de masse des biens et services (automobile, appareils ménagers de tous ordres, téléviseur, grandes surfaces, etc.). Certes, ce consumérisme échevelé apporte un certain bien-être à la population. Mais il engendre aussitôt une fort dommageable uniformité des comportements.

Bien évidemment, le premier choc pétrolier (1974) a très largement contribué à enrayer cette spirale euphorique. Mais les signes annonciateurs d'un retournement de conjoncture apparurent dès le début des années 1970. La crise énergétique de 1974 (puis celle de 1979) ne fera qu'amplifier le ralentissement déjà amorcé. Pendant les Trente Glorieuses, la France a enregistré une croissance exceptionnelle, la plus forte de son histoire. Entre 1945 et 1975, la croissance a été supérieure à celle de la période 1830-1914.

~

Table

~

Préface 11

PERSONNAGES

A

Konrad Adenauer, *Le Ridé de fer* 21
Anne de Bretagne, *La Duchesse en sabots* 23
Louis Armstrong, *Satchmo* 25
Attila, *Le Fléau de Dieu* 27

B

Bayard, Pierre Terrail, seigneur de, *Le Chevalier sans peur et sans reproche* 33
Simone de Beauvoir, *Le Castor, la Sartreuse de charme* 35
Gilbert Bécaud, *Monsieur cent mille volts* 38
Franz Beckenbauer, *Le Kaiser* 40

Boris Becker, *Boom-Boom* 42
Tony Blair, *Bambi* 44
Auguste Blanqui, *L'Enfermé* 46
Simón Bolívar, *Le Libérateur* 48
Abel Bonnard, *La Gestapette* 51
Björn Borg, *Iceman* 54
Jacques Bossuet, *L'Aigle de Meaux* 56
George Brummell, *Le Beau* 58

C

Maria Callas, *La Divine Callas, la Divine Diva, La Callas* 63
Al Capone, Alphonse Gabriel, dit Al, *Le Balafré* 67
Fidel Castro, *El Lider Maximo* 69
Nicolae Ceausescu, *L'Aigle des Carpates* 72
Gabrielle Chasnel, *Coco Chanel* 75
Jacques Chirac, *Le Bulldozer, l'Agité, Super-Menteur* . 77
Georges Clemenceau, *Le Tombeur de ministères, le Tigre, le Père la Victoire* 80
Clovis, *Le Fils aîné de l'Église* 83
Émile Combes, *Le Petit Père Combes* 87
René Coty, *Le Gai aux fleurs* 89

D

Michel Debré, *L'Amer Michel* 93
Gaston Defferre, *L'Homme au masque Defferre* 95

E

Dwight Eisenhower, *Ike* 99
Élisabeth Ire d'Angleterre, *La Reine vierge* 101

F

Jules Ferry, *Ferry-la-famine, Ferry-Tonkin* 107
Francisco Franco, *Le Caudillo* 110
François d'Assise, *Le Poverello* 113

G

Jean Gabin, *Gueule d'Amour* 119
Greta Garbo, *La Divine* 121
Charles de Gaulle, *Le Colonel motor,*
Charles sans Terre, le Grand Charles... 124
Valéry Giscard d'Estaing, *Le Colin froid, l'Ex* 132
Les frères Goncourt, *Les Bichons* 135
Mikhaïl Gorbatchev, *Gorby* 138
Guillaume, duc de Normandie, *Guillaume le Bâtard,*
Guillaume le Conquérant 141
Henri de Guise, *Le Balafré* 145

H

Henri IV, *Le Vert Galant* 153
Édouard Herriot, *Le Discrédit lyonnais,*
l'Éléphant de la République 155
Bernard Hinault, *Le Blaireau* 158

I

Ivan IV, *Ivan le Terrible* 163

J

Michael Jackson, *Bambi* 167

K

Buster Keaton, *L'Homme qui ne rit jamais* 173
Raymond Kopa, *Napoléon, Koppita* 176

L

René Lacoste, *Le Crocodile* 181
Albert Lebrun, *Le Sot pleureur, Aux larmes citoyens* ... 184
Lénine voir Oulianov
Louis XIV, *Le Roi-Soleil* 187

M

Mao Tsé-toung, *Le Grand Timonier* 193
Marguerite de Valois, *La Reine Margot* 197
Marie-Antoinette, *L'Autrichienne, Madame Déficit, Madame Veto* 200
Marie Ire Tudor, *Bloody Mary (Marie la Sanglante)* 205
Mata Hari, *La Mouche du Boche* 207
Laurent de Médicis, *Laurent le Magnifique* 210
Eddy Merckx, *Le Cannibale* 212
Louise Michel, *La Vierge rouge* 214
François Mitterrand, *Dieu, Tonton, le Sphinx, le Florentin* 218
Duchesse de Montpensier, *Mademoiselle, la Grande Mademoiselle* 222
Benito Mussolini, *Le Duce* 225

N

Napoléon Ier, *Le Petit Caporal* 231
Napoléon III, *Badinguet, Napoléon le Petit* 237

O

Vladimir Ilitch Oulianov, *Lénine* 243

P

Édith Piaf, *La Môme* 249
Antoine Pinay, *L'Homme au chapeau rond, Monsieur Confiance, le Sage de Saint-Chamond* 251
Raymond Poincaré, *Nabotléon* 253

R

Arthur Rimbaud, *L'Homme aux semelles de vent* ... 257
Henri Rousseau, *Le Douanier Rousseau* 259

S

George Sand, *La Bonne Dame de Nohant* 263
Frank Sinatra, *The Voice* 266
Agnès Sorel, *La Dame de Beauté* 268
Joseph Staline, *Le Petit Père des peuples* 271

T

Charles de Talleyrand, *Le Diable boiteux* 277
Margaret Thatcher, *La Dame de fer* 280
Charles Trenet, *Le Fou chantant* 282

W

John Wayne, *The Duke* 287

DIVERS

La perfide Albion 291
La bande des Quatre 293
Les bonnets rouges 295
Les camisards 297
La capitale des Gaules 299
La Chambre introuvable 302
Les Chouans 304
La cité des doges 306
La cité des papes 308
Les communards 311
Les croisés 315
Les demi-soldes 318
La der des der 320
Les dragonnades 322
Les enragés *(et quelques autres surnoms popularisés par la Révolution)* 324
La Grande Armée, la Vieille Garde, les grognards 329
La Grosse Bertha 331
Les gueules cassées 333
Les immortels 335
Ligne Maginot, Ligne Siegfried et Mur de l'Atlantique 337
Les malgré-nous 340
Les Marie-Louise, l'Aiglon 343
Les Marmousets 346
Les mazarinades 348
Les mignons 352
muscadins, incroyables et merveilleuses 355
Oncle Sam 358

Les pastoureaux 362
Les pétroleuses 365
Les poilus 367
Les Quinze-Vingts 369
Le rasoir national 371
Les sans-culottes 375
Les suffragettes 377
Le toit du monde 380
La ville rose 382

PÉRIODES

Les Années folles *(1920-1930)* 385
La Belle Époque *(1890-1914)* 387
Le *blitz* de Londres *(7-15 septembre 1940)* 390
La chasse aux sorcières *(début des années 1950)* 393
La drôle de guerre
(3 septembre 1939-10 mai 1940) 395
Le Jeudi noir *(24 octobre 1929)* 397
La monarchie de Juillet *(27-28-29 juillet 1830)* ... 400
Les Trois Glorieuses
(7 août 1830-24 février 1848)........................... 400
Les Trente Glorieuses *(1945-1975)* 406

~

Composition et mise en page

NORD COMPO
multimédia

CET OUVRAGE
A ÉTÉ REPRODUIT
ET ACHEVÉ D'IMPRIMER
SUR ROTO-PAGE
PAR L'IMPRIMERIE FLOCH
À MAYENNE EN OCTOBRE 2010

N° d'édition : L.01EUCN000320.N001. N° d'impression : 77811.
Dépôt légal : novembre 2010.
Imprimé en France